凡例

一、『大正新教育 学級・学校経営重要文献選』は、大正期における学級経営、学校経営を論じた重要な文献、論考を精選し、全Ⅱ期・全10巻として刊行するものである。

一、収録にあたっては、執筆者が関わった学校別に分類した。収録内容は別表「収録一覧」に記載した。

第Ⅰ期 高等師範学校附属小学校における学級・学校経営
第1巻 東京女子高等師範学校附属小学校1／第2巻 東京女子高等師範学校附属小学校2／第3巻 東京高等師範学校附属小学校1／第4巻 東京高等師範学校附属小学校2・広島高等師範学校附属小学校／第5巻 奈良女子高等師範学校附属小学校1／第6巻 奈良女子高等師範学校附属小学校2

第Ⅱ期 師範学校附属小学校・公立校・私立校における学級・学校経営
第7巻 茨城県女子師範学校附属小学校／第8巻 富山県師範学校附属小学校・東京府女子師範学校附属小学校ほか／第9巻 公立校（田島小学校・神興小学校ほか）／第10巻 私立校（帝国小学校・成城学園ほか）

一、刊行は第Ⅰ期・第1回配本（第1－3巻）、第Ⅰ期・第2回配本（第4－6巻）、第Ⅱ期（第7－10巻）の全3回である。

一、編者による解説は、各期最終巻（第6巻、第10巻）に附す。

一、収録は、単行本の場合はその扉から奥付（広告頁含まず）までとした。論文の場合は冒頭部分（扉）から末尾までを収めた。削除箇所については、「収録一覧」及び本文中に注記した。

一、原資料を忠実に復刻することに努め、紙幅の関係上、適宜拡大・縮小した。印刷不鮮明な箇所、伏字等も原則としてそのままとした。

一、今日の視点から人権上、不適切な表現がある場合も、歴史的資料としての性格上、底本通りとした。

※ 本選集中の著作権については調査をいたしておりますが、不明な点もございます。お気づきの方は小社までご一報ください。

『大正新教育 学級・学校経営重要文献選』 第Ⅰ期 高等師範学校附属小学校における学級・学校経営 全6巻

収録一覧

第1回配本・全3巻

巻数	巻名	文献・論考名	著者名	発行元・掲載誌名	発行年	収録範囲・備考
1	東京女子高等師範学校附属小学校1	学級経営原論	北澤種一	東洋図書	一九二七（昭和二）年	序論－六章
		学校経営原論			一九三一（昭和六）年	二－五章
2	東京女子高等師範学校附属小学校2	低学年教育原理と尋一・二の学級経営	坂本豊	目黒書店	一九二八（昭和三）年	
3	東京高等師範学校附属小学校1	自学中心学級経営の新研究	小林佐源治	目黒書店	一九二五（大正一四）年	一－三章、六章（一－六節まで）、一〇－一二章
		学校経営新研究			一九二九（昭和四）年	一－六章、九・一〇章、一八－二三章

第2回配本・全3巻

4	東京高等師範学校附属小学校2・広島高等師範学校附属小学校	生活指導学級経営の理想と実際	鹿児島登左	明治図書	一九二八（昭和三）年	一―一〇章、一五―一七章
		学級論	佐藤熊治郎	『学校教育』一七五―一七七、一七九―一八一号	一九二八（昭和三）年一―三、五―七月	一―一二（未完）
5	奈良女子高等師範学校附属小学校1	学習法実施と各学年の学級経営	清水甚吾	東洋図書	一九二五（大正一四）年	一―一八章
		続 学習法実施と各学年の学級経営			一九二八（昭和三）年	七―一一章
6	奈良女子高等師範学校附属小学校2	学校経営の概観	木下竹次	『学習研究』二巻四号	一九二三（大正一二）年四月	
		学校進動の原理（学校経営論）		『学習研究』二巻五―七号	一九二三（大正一二）年五―七月	（一）―（三）
		学校の経済的活動		『学習研究』二巻九―一一号、三巻一―二号	一九二三―一九二四（大正一二―一三）年九―一一月、一―二月	（一）―（五）
		学級経営汎論	木下竹次	『学習研究』三巻四号（「新学級経営号」）	一九二四（大正一三）年四月	
		合科学習に於ける学級経営と其の功過	鶴居滋一			
		学習法の実施と学級経営	清水甚吾			
		学級経営案と学級経営	山路兵一			
		学級経営苦	池内房吉	『学校・学級経営の実際』二巻六号	一九二七（昭和二）年六月	
		父母としての教室生活	池田小菊	厚生閣書店	一九二九（昭和四）年	「序」―「教育の方法に就いて」

『大正新教育 学級・学校経営重要文献選』

第2巻 東京女子高等師範学校附属小学校2

目 次

低学年教育原理と尋一・二の学級経営

坂本豊著

低學年敎育原理と

尋一二の學級經營

東京　目黑書店發兌

低學年教室（尋一第二學期末）

私達の學校の出來上つた日（尋二冬）

生活かるた

讀みふだ一枚に
取りふだ七枚宛

雛壇の完成

序

筆を擱いて徐ろに懐古すれば、余が低學年敎育法の改造を痛切に感じたのはもう八年の昔である。同志南君と談じて夜を更め、床を列べても論じつきず、遂に雞鳴に促されて就寢したことがあつた。其の後一度案を立てて實施し、再び改案して世の先進諸賢に問ひ、北澤主事の懇切なる指導を受くるに及び三度改案を得て同僚數氏と共に實驗し漸く小著をなすことが出來た。題して「低學年敎育の原理と尋一二の學級經營」といふ。即ち低學年敎育の理論と實施の方法を述べたものであるが、分けて前後二篇とした。

我國の初等敎育界は今方に幾多の敎育刷新案を實施する機運に際會してゐる。殊に低學年敎育に於いては理論に於いても實驗に於いても可成りに成功し、新敎育實施の一日も急ならんことを要するに到つたのは、夜をとほして論議した數年前を懷ふに及び愈〻喜悅に堪へないのである。

小著の期する處は餘程大なるべきではあるが、元より淺學菲才の研究であるか

らよく果し得るものではない。僅かに同行の士を得て將來の低學年敎育に貢獻することが出來ればそは東京女子高等師範學校附屬小學校主事北澤先生の御導と、著者と生活を共にし無言の暗示を與へてくれた多數の敎へ子と、日夜余の爲に指導誘掖を賜りたる五味氏、山内氏、江崎氏、橘川氏、田原氏其他先輩諸賢のお力である。諸賢の誠意を謝して序を結ぶ。

昭和三年二月

隅田畔寓居にて　著　者　識

低學年教育原理と

尋一・二の學級經營

目次

低學年教育原理と

尋一・二の學級經營

坂本豐著

前篇

第一章　低學年教育法の改造

今日實際教育の改革に最も多忙なのは低學年教育であらう。其の低學年といふのは人々によつて尋常三年迄を意味したり、又は尋常一・二年の間を指したりしてゐる。我々は色々の理由によつて後者をとるのである。

私は先づ從來の教育法が何故に尋常一二學年の兒童に不適であつたかを述べて、教育改造の要點に及びたいと思ふ。

第一は教育組織の不自然なことである。

今日の小學校教育は尋常一年から高等科迄劃一的に殆んど同じ組織の下に實施して、唯數科の內容に難易の差をつけただけの違である。即ち敎材の單元と稱する一かたまりの知識(技能もあるが事實は知識を注入しようとする組織であつて、四十分又は四十五分限にした授業時間表と各時間に於いて注入しようとする知識の小分量が決定されてある。兒童は此の時間表と興味のない知識の爲に樂しい筈の學校生活がすつかり縛上げられてしまふ。長時間縛つては保健上よくないとあつて低學年では授業時間が少くしてあるが、我々の考へでは學校生活を理想的に改めて時間の許すかぎり樂しい學校に兒童をおくのがよいと思ふのである。

第二は敎材の不完全である。

我々は動もすると敎材の進度を高くすれば彼等の生活が高上したかのやうに考へ易いものであるが、それは生活が高まつたのではなく敎材の程度が高まつただけで兒童に力がついたかどうかわからぬ。併も今日の敎材では程度を高めることは物を數へるとか、字を讀むとかするだけであるが、彼等の生活全體から見れ

ばそれは極めて狹い部面で低學年の間に陶冶しなければならない他の多くの部面を忘れてゐる。私は數の力や文字の力を輕視するわけではないが、低學年の學校生活は幼稚園の生活に比べてさへ甚だ單純で、固定的で形式的で子供としての生活味が甚だ少いと思ふ。

元來今日の學校の教材は兒童將來の生活に必要な事項を先づ撰擇しておいて、これを兒童の發達に應ずる樣に難易の程度に從つて各學年に配當したものであるから、低學年に配當する分量が甚だ少くなつた。そして尋常四五年の頃から急に負擔が增して六年になつては咀嚼しないまゝで卒業させる有樣である。で若し此の教材の方針を一部變更して兒童の全體的生活を高上せしめるに適切な材料を先づ廣く用意して其の中から將來の生活に重要な材料をとるやうにするならば適切な教材が得られようと思ふのである。高學年の教材は今日のまゝにして進むとしても尋常一二學年の教科目及び教材は一大改造を要する。此の改造は必ず今日の弊を救濟して高學年の成績を更に高上せしむる効果があらう。

第三は教育方法の不自然である。

教師が授業に臨む場合には算術とか、讀方とか、體操とか一時間分の知識を有つて行くので幼い兒童には自分たちの生活欲から生れて來た目的活動は一つも行はれない。　教師は自分のさせた事は餘程値打があるやうに信じて兒童に奬勵してゐるけれども、兒童の發達に對しては更に重要なる他の材料の多いことを知つてゐなければならぬ。　近頃自發活動とか、自發態度とかいふけれども本當の自發態度は入學試驗を受ける頃に暫く表はれる位で、今日の教授の組織では到底教養される筈がないのである。　自發活動も、研究興味も時間割の爲にちよんぎられて進達することが出來ないのである。　私は四十分とか四十五分とかの時間區分を守ることは、教授衞生上、實施上から見て適當の處置であると思ふけれども、其の内容を機械的に、やれ讀方、やれ綴方と變更して研究心を鈍らせることはどう考へても適當なやり方でないと思ふ。

彼等の生活には修身とか國語とかいふ教科目はない。　只あるのは具體的な目的活動だけである。　其の目的活動は題目中心合科主義者の考へてゐるやうな數

生活、言語生活、藝術生活、道徳生活等を織りこんだ廣汎な内容をもつたものであるとはいへないが、兎に角數科目のやうな無味乾燥なものではない。併も可成りに强い執着と目的活動を繼續させる力がある。此の具體的な目的活動こそ自發活動の第一歩である。

第四は學校設備の非生活的な事である。

彼等は生活所としての親の膝下から更によりよい生活所としての學校へ入つたといふのに與へられるものは一尺四方の椅子と机の中の數冊のノートと書物と僅かばかりの手工材料だけである。これがどうしてよりよい生活所なのだらうか、しかし贅澤をいふのではない、兒童のよい目的活動を起させて、尚秩序的な生活を經驗させるような學校でなくてはならぬのである。

從來の低學年教育法は是等の理由によつて愈、改造の運命に迫つたのであるが、事の改造は熟慮深重を要する。そうして毎時間木椅子に縛りつけられたまゝ競爭と賞讚と叱責とによつて子供本然の總ての生活を閉されてゐる今日の低學年の兒童を一日も早く救ひ出さなくてはならないのである。

第二章　低學年兒童の特徵

一　低學年兒童の生活の特徵

理想を立てずして敎育にかゝることは學校敎育にあり得べからざることであり、傳統の文化や國民的精神を無視しては敎育の行はれやう筈はないのであるが、幼少な兒童を傳統文化の貯藏タンクの代用にして國民精神の高遠なる理想をそのまゝ說き聞かせても彼等の生活の血となり肉となるものではない。殊に幼少な兒童にとつては我々の謂ふ貴重なる文化も全く猫に小判である。

凡そ新敎育は敎育者の抱いてゐる高き理想を眞向からふりかざすのでなく、先づ兒童當面の生活に水平線をおいてその自然に適した生活を營ませつつ一步より一步へと高き文化生活に導くことを根本原則とするのであつて一日一日彼等の生活が充實し發展するやうに敎育しなければならないのである。此の方針の下に兒童の生活を指導するとすれば先づ硏究しなければならないのは彼等の生活の特徵である。私の經驗した事實から其の特徵を見るに

第一は兒童は何をするにも全自我の努力を擧げて一貫してゐる。決してずるい考を持つたり、いゝ加減に處置して濟そうなどはしない。然も非常な活動家で勢力のつゞく限り何かやつてゐる。「砂遊び」をしても字を書いても精のつゞく限り活動をつゞける。マッチ箱や木屑や卷煙草の空箱で汽車を造るのを見てもづんづん繼ぎ足してうんと長い物を造つて尙あきない。砂のトンネルを掘り出すと二尺も三尺も掘つて掘りつかれて其の場でころりと眠るまで掘つてみたい。丁度障子を破る嬰兒が一枚二枚手のとゞく限り破りつゞけてゐるのと同樣である。此の純粹、無垢な心持で生活し、全自我の活動をするといふことは童心の姿であり、大人の事業も研究も創作も總て此の境地に至らねば達成されるものでない。よく「幼きを憧る」といふ語を聞くが此の童心を憧れるのである。

第二に兒童の自然の活動には特に著しい樣式が三つある。即ち學習、生產、遊戲、がそれで、此の樣式は兒童の活動してゐる時の心持から見ていふことであるが、彼等生活の大部分が此の三樣式によつて行はれるやうである。そして此の三樣式は個々別々に行はれるのでなく「興味を中心に色々に組合つてゐる。

そこで學習といふのは何か學びたいといふ意欲から生れる樣式で、色々なものを觀たがる、聞たがる、眞似したがる。兎角好奇心も手傳つて彼等の知力を發達させる上に非常に重要な活動である。

生産といふのは何か拵へたいといふ意欲から起る生活樣式で砂、土、紙、木、竹、糸、石、其他色々の材料で、鳥だの犬だの箱庭だの色々の物を造つたり、壞したり繪を描いたり切拔いたりする活動で、男兒にも女兒にも中々旺盛である。

遊戲は目標を定めてそれを拵へようとか、理解しようとかするのでなく、おばさんごつこ、電車ごつこ、通りやんせ、らかんまはし、言葉遊び等のやうに活動それ自身が面白くて行ふ生活樣式である。遊戲の場合には結果のことは殆んど豫想しないでやつてゐる。學習と生産は個人的活動が多いが、遊戲には團體的社會的活動が多い。又作り物の種類は男子の方が女子よりも多く、遊戲の種類は女兒の方が多い。

第三兒童の生活は直接的である。「こうしておけば將來都合がよい」といふやうな豫想の下に物事をすることはない。又具體的實際的であつて自ら經驗して見

るか、又は具體的直觀的に取扱はなくては十分に了解出來ないのである。

第四兒童のやることには創始的個性的な一面もあるが、反復を喜ぶ他の一面がある。大人の目や耳は幾年か使ひ古した爲か、驚異を以て眺めるものは尠いが、彼等の目耳も心も皆新鮮なので事毎に驚異の心持を以て迎へられる。此の心持が、創始的個性的活動の源泉となつて頻りに新しいものを作らうとするやうになる。勿論思慮分別がたりない爲に成功しないものも多いが、兎に角個性的創始的に活動することが旺盛である。併し一度聞いた子守謠は幾度聞いても飽くことを知らないやうに、おまゝごと、軍艦遊戯、好きな歌、面白かつた書物は幾度も繰返して樂しんでゐる。

第五に低學年は、一體に團體的生活が幼稚で、主我的傾向が強く、仕事の計畫も目のとゞく範圍が狹い爲に狹く小さい。一年の初めは「皆さん」といつて全體に聞かせたことは自分に話されたことでないやうに思つて同じ意味のことを列をなして聞きにくるのが常である。又教師の手にぶらさがつたり、つきまとつたりしてゐて友達同志で遊ぶことが少い。二年になるとお互の提携も出來、餘程社會的に

なり、三年になると子供等同志で組織的に遊ぶやうになる。

第六低學年の兒童にも好意を表す本性がある。 そして偉大横柄といふことがない。 教師の賴むことならどんな事でも好意を以て一生懸命にするのは低學年兒童の著しい特徴である。 概して小學校の兒童は此の情が强いので訓練し易いのであるが、中等學校以上の學生、殊に女學生になると其の心持が非常に複雜になつて來て訓練がしにくくなる。

又低學年の兒童は教師を神樣のやうに思つてゐる。 中には家庭の事情で教師に用事がある時などに「先生御用」と呼びよせようとする者もあるが、それは教師に對する尊敬を失してした事でなく全く無知の結果である。 故に教師の暗示にかゝる事が强く感化されることも著しい。

二　低學年兒童の身體的心理的特徴

「兒童心身ノ發達ニ留意シテ」總ての教育作用は實施されねばならないのであるから低學年の學級を經營するには此の頃の身體及び心理の特徴を心得てゐなけ

ればならない。最近は兒童學の研究も著しく進步したから實際家の聞くべき事柄が甚だ多い。

（一）生理的兒童學でも、心理的兒童學でも六・七歲の間を以て幼兒期から少年少女期へ移行する時期としてゐる。それには次にのべるやうな種々な理由があることで、それについて見てもわかるやうに此の時代に家庭生活から急に形の變つた學校生活をさせることは出來るだけ避けねばならないのである。低學年は丁度其の時期に當つてゐる。

（二）兒童は身體各部の發育は大人に比べて甚だ不均勢であるが小學校では低學年が最も不均勢である。殊に腦の發育は四歲になれば大人の腦量の十分の九となり八歲で十分な重量に達するので頭が重くて轉び易い。しかし腦組織の發達はまだ幼弱でこれからだんだん發達するのである。

（三）七八歲から九歲の頃に血管系統に變化が起つて靜脈及び動脈は心臟の割合に太く、その爲に心臟は弱くなる傾がある。故に耐久力が弱く疲勞し易い。併し恢復は早い。故に休憩時間の如きは長くして回數を減ずるよりも短くして回

數を多くする方がよい。體操を實施するにも此の心得が必要である。

(四)尋常一二年は第二生齒期である。其の齒の三〇%乃至四〇%は蝕み、二—五枚は缺落して齒痛、消化不良にかゝり易く他の時期の教師から見れば劣等兒身體薄弱兒が多いやうに感ぜられるのはその爲である。

(五)七八歳の兒童は身體發達の方向のかはる時期で、五—七歳の間は割合身長の增加が著しく、八—一〇歳の時期は體重並に身幅の增加の方が著しい。伸長期は一般に抵抗力が弱いから保育を必要とするのである。兒童病型から成人病型に移行するのも此の時代で疾病抵抗力は急速に增すけれども概して薄弱な時代である。

(六)兒童生理學の示す所によれば六七歳の頃は肺活量の發育稍〻遲退し、握力及軀幹の後反力は遲滯するやうでもないが大なる發達もなく、躍投擲の力は小學校の中では最も弱く、其の發達は思春期迄一般に緩漫である。故に低學年の體操は粗大な基本筋の運動を主とし、呼應運動を發達せしめることを目的として、遊戲を本體にするがよい。遊戲は鬼ごつこ、人形遊びの類や蒐集、構成に關する遊戲、

自然界に對する興味を利用したものを課するがよい。

(七)次頁の睡眠時間の調査は私の學校に於いて五百餘の兒童の家庭について前後三回の調査を整理したもので、低學年兒童は十時間乃至十一時間の睡眠をとるものが最も多く、女は九歳男は十一歳から個人差が多くなつて調子が亂れることを知るのである。

(八)低學年兒童の觀察は幼稚園時代の樣に一々の事項を列擧するだけでなく各事項に就て敍述するやうに進んではゐるが、全體の意味や、聯絡を見透してゐるのでなく刹那々々の認知事項殊に動く事項に注意して、敍述し、羅列するのである。讀方、聞方の場合にも同樣部分部分に注意して全體的意味を捕へることがむづかしい。故に事柄の大綱を捕へさせたり、主要點に注意せしめる樣に練習させても其の效果は擧らない。此の事實は敎材の單元を小きざみにして仕事の計畫等も見通しのつく小範圍の程度から始むべきことを暗示してゐるのである。

(九)注意も部分的、感覺的で、永續性が乏しく觀念的事項にはむかない。故に見おとしが多く、物を探すことが下手である。そして實物からはなれて心算すること

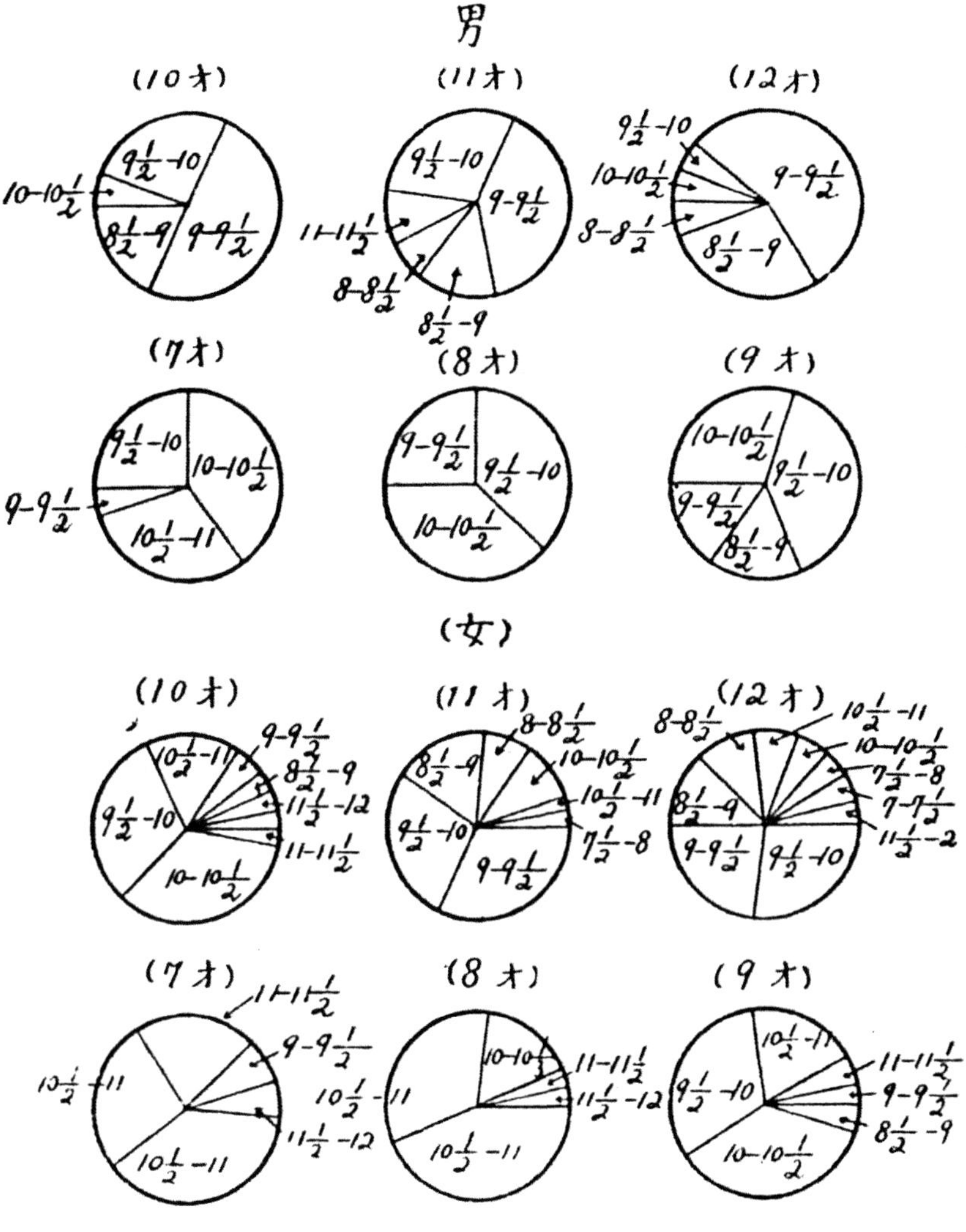

(備考) 數字は睡眠時間を表はしてある

は中々困難で、今の問題が出來ない先に目前にちらつくことの爲に心算が亂れてくるのである。又一つの靜止せる事に注意を集中することはむづかしく絶えず動くもの、變化するものに奪はれる。

(一〇)鑑賞も具體的な内容のみについて行はれ、全體の組織とか、調子とかいふ形式的事項には及ばない。鑑賞讀物を讀んだ後で「どこが一番おもしろいか」と問ふと一ヶ所でなく數ヶ所を列擧するが普通である。これは三年になると餘程變るやうであるが一二年の間に全體を見通した鑑賞は困難である。しかも其の興味をひくものは内容の變化であつて雀が海に入つて蛤になるといふやうな不都合なことは一向平氣でゐる。

(一一)推理は未だ大部分聯想で事物の間の關係を見ることが出來ないのと經驗が乏しい爲に一足とびに結論に達して、休日を皆日曜日と思込み、小石も大岩に成長するものだと信じてゐるのである。概して事物間の差異は列擧することは出來るが類似點を見ることは概括的能力を要するので中々困難である　又好奇心に富み盛んに質問する。そして出來るだけ合理的な答を要求する　此の點

は四五歳の質問時代と異るので、解におちなければ重ねて質問をつづける。然し推理よりも聯想が盛んな爲に雨は空の大海からおちるのだといつても感心してゐることがある。

(三)記憶は直觀的器械的で論理的記憶は未だ不得手である。故に理窟で説明して納得するものでない。直觀と實行とが最も重要な手段とされ、むづかしいことは鵜呑みにしてそのまゝ吐き出そうとするのである。

(三)暗示と模倣の盛んな時代で、甚だ發動的である。それに教師を信ずること神の如くであるから其の言動の感化は著しいものがある。級風も教師中心に描かれて行くのである。

(四)感情は一般に粗野で、自我的で激情に走り易いから可成喧嘩が起る。

(五)習慣が出來上る迄には反復を多く要するけれども此の頃に出來た習慣は一生を支配する位の根强さを有つてゐる。そして習慣の形成は訓話だけでは殆んど効果がない。實行をまたなければならない。

(六)個人差の著しいことも目立つ。殊に動作や作業の遲速に於いて著しい。食事、

讀非、判斷理解の個人が差著しい爲に學級一齊教授上多くの困難と弊害を作ふ、之低學年は幼稚園程度の兒童と小學校初期程度の兒童との散布帶なるが爲である。是等の身體的及び生理的特徴を知つた上は我々はどうしても從來の劃一的時間制度の學校教育を以て兒童の生活を支離滅裂ならしめることは出來ない。宜しく快活なる屋外生活を多くし、自然の生活樣式に於いて教育することを工夫し、家庭生活から自然に學校生活に移行せしめるやうにしなければならない。時間制度の注入教育の如きは寧しろ廢して彼等の自然生活を價値化し守り育てる方針に從はねばならないのである。低學年教育の原理は次節にのべることゝする。

第三章　低學年生活指導の原理

一　生活發展の原理

兒童生活の特徴を考慮し、其の生活を導いて一步一步より高き文化生活に到達せしめること。

これは獨り低學年教育の原理のみでなく凡ての教育の原理である。善良有爲强健なる國民忠誠を以て一貫する日本臣民に育て上げることは寸時も腦裏をはなれてはならないところであるが、此の理想は生活發展の原理によつて刻々に實現せられて行かなければならないのである。

自然の手から敎師の手に渡されたまゝの兒童は各特色を有し、それぞれ生活活動を現はすものである。我々は其の生活活動を營ませながら、彼等の生活を一歩一歩、より高い文化生活に導かうとする方針をとらねばならない。人形を造るやうに白粉を以て木屑の表面を化粧し、形を整へるのではない。滾々として湧き出る泉の水を導くやうに噴出す力を抑へるのでなくよろこんで迎へ、低きへ流れる性質に逆ふのでなく、導いて或は電力に、飲用に或は灌漑用水にして其の本然の性によつて國家社會に貢献せしめるのである。我我の言ふ生活發展の原理は放任と無節制を意味するものでない。泉の水も若し放任のまゝにするならば或は堤を破り田畑を荒し家を流して社會を暗黑の世と化するであらう。

低學年兒童の特徴は第二章に於いて略述べておいたから繰返すことはしない

が、其の生活を導く要領について一二の事項を見よう。

(一)仕事を求めて目的活動を遂行するやうに育てること

學校は教師の指揮に從つて其の命ぜられた事を處理するだけではいけない。各自の仕事を求めそれをなし遂げる樣にならなくては獨立して働く人間となることは出來ない。又低學年の間から此の態度を養つておかなくては高學年になつても其の學習を自分の仕事として自覺する樣にはならないのである。彼等は入學前までは家庭で自由に自分の目的活動をやつて來た。低學年教育は此の目的活動を繼承してそれをよりよく進めて行く筈なのに、從來の教育は一齊的劃一的に兒童の目的外の事で束縛してゐた。その爲に自分の仕事といふ意識を失つて發揮すべき個性も、創始的活動性もひからびてしまつたのである。兒童の目的活動をやらせてゐたては彼等の知識技能を發達させる事は出來ぬといふ人があるかも知れないが、方法さへつくせばそれは出來ないことはない。尚此處にいふ仕事とは彼等の目的生活の活動の單元といふ意味で職業的の仕事ではない。

(二)有機的團體的生活の基礎を養ふこと

個人活動から團體活動への轉向は低學年教育の重要な任務であつて生活發展の一面を意味するのである。團體生活の基礎を養ふには、グループ活動の興味と必要を知らせねばならない。又自分のなすことが團體にどういふ貢獻をするかといふ自覺をもたせねばならぬ。此の二つは學習、作業、遊戯の何れの場合にも體驗せしめることが出來る。

學級經營の最も重要なる問題は個人としての、多くの欲求及び個性・個人差に應じつつ之を如何に指導して團體的有機的なる學級活動をさせるかといふことである。一律に個人を制して器械的な團體活動をさせることはやさしい。又團體の利害を慮ることなく各個の自由活動にまかせることはむづかしくない。學級擔任の經營の手腕は此の二つの調和如何に見る、即ち個性尊重、個性發揮を團體生活を背景としてすゝめ、團體活動に於いて各々其の所を得させて十分に其の働を表はさしむることが肝要である。

(三)おちつかせること。

おちつかせることは低學年教育の重要な要領である。不安のない見榮虚飾のない本心からの活動をさせることは人間を純粋に導くものである。褒めれば輕躁になり、叱れば戰いてどうもおちつきがなくなる。おちついた心から遺漏のない計畫的態度、みつめて味ふ態度、疑を明瞭にする態度、反省する態度が生れて來るのである。自己本來の活動は此の「おちつく」ことから生れ、個性發揮もおちついた活動のみに見られる。おちつくといへば消極的に聞えるが、おちついた自己は總ての知識、藝術、宗教道徳の源泉である。結跏趺坐して精神統一に心を練る座禪はおちついて自己にかへつて宗教の本境に突入しようとするのである。おちついてみつめる所から藝術が生れる。そして味ふ所に玩味鑑賞が成立つ。おちついて疑を解決する所に科學が發達し、おちついて反省する所に道徳が生れる。

低學年の教師は徒らに粗野な感情に走らないで明瞭にする態度、見つめる態度、反省する態度を養ひ自分で自分の仕事を求め之に專心なるやうに指導しなければならない。

(四)秩序的生活の良習慣を養ふこと。

低學年は良習慣形成の重要な時代である。此の時代に善良なる衞生的、道徳的、又は社會的秩序的生活の習慣を養ふことは一生を通じて品性向上の大なる伏線を作ることになるのである。習慣養成は教師の根氣の强さに比例して其の効果を表はすものであるから、着物の着方、物品の整理、言葉遣ひ、用具の使方、姿勢、坐作等に到るまで周到なる注意を怠つてはならないのである。

二　遊戯指導の原理

遊戯は兒童の身體及精神の發達上大切なる糧であつて、全自我の全努力を自然に促す活動であるから、その方法、材料等について善導し漸次作業化し社會化して教育的の効果を擧げること

兒童の日常生活はそれ自身遊戯であるから學校教育は出來るかぎり遊戯的に實施しようといふ考は隨分古い頃からあつたのであるが我國では未だ實施されてゐなかつた。却つて「低學年に於けるダルトンプランの適用」などといふ野暮な意

見さへ主張される位であつた。然し近頃は低學年の遊戲生活を重視するやうになつて學習の遊戲化をとなへる者もあるやうになつた。それについては習得生活の指導に於いてのべることゝして、私の玆にいふ遊戲生活の善導といふのは特定の內容を授ける爲に遊戲を工夫する意味でなく、彼等の自然の遊びを善導しようとするのである。從來の學校は此の方面に殆んど手をつけてゐなかつたのであるが、此は敎へる內容が多い上に、敎授時間が少いといふ理由もあつたやうである。

尙玆に考へておかねばならぬことは兒童の模倣である。兒童の自然の發達は遊戲と模倣と試行錯誤と判斷によるのであるが、低學年兒童の模倣は多く遊戲的に行はれるのであつて選擇的に模倣するのは甚だ少い。又遊戲は電車ごつこ等といふやうに模倣によつて行はれることが甚だ多い。それが級風となり校風となるのであつて、休憩時間に於ける兒童の遊び方と遊ぶ時の諸を聞けばもう其の學校の品格の高下を覗ふことが出來る。校長は勿論學級擔任も趣味の高尙な校風を培ふ爲によい遊戲を他校から取り入るやうに常に努力しなければならない。

兒童は又社會の模倣暗示をうけることも大い。　私達の幼なかつた頃には日清戰爭の後をうけて北清事變があり、引つづいて日露戰爭があつた爲か毎日「戰爭ごつこ」をして暮したものである。「石合戰」「泥合戰」「敎練」「隣村征伐」等が盛んに行はれたものだが學校は依然として「イス」「イシ」「イヌ」を敎へてゐた。

今頃の兒童は世の中が世智辛くなつた爲か「巡査ごつこ」「盜棒ごつこ」「切合ごつこ」「おにばと」なんかを一生懸命にやつてゐるが、學校では、相不變「ハナ」「ハト」「マメ」をやつてゐる。　彼等の生活の大部分は遊戲であるのに之を指導しないといふのは過言もなく低學年敎育の要目の研究が不完全であると思ふ。　盜棒ごつこはよくないからやめるやうに注意する敎師もあるだらうが、遊ぶ方法を知らなければそれをやるより致し方がない。　此の不健全なら小國民の社會が發達した時の將來が恐ろしい。　如何に人格の向上を叫んでも、遊戲の善導を拔にしては其の場から机上の空論に終るであらう。　私は遊戲を善導する方針として次のやうに考へてゐる。

(一) 遊戲時間と遊戲の場所を定めて唱歌體操の時間は勿論、時間の許すかぎり學校

で遊ばせる。低學年の兒童の授業時間は毎週二十一時乃至二十五時と定められてあるが、よい遊びをさせるに於いては監督時間の許されるかぎり、幾時間學校で暮させてもさしつかへない。それには先づ屋外に低學年の遊戲教場を設けて教師と共に自由に遊ばせるのである。

(二)教師の參加　教師は監視するばかりでなく、參加して遊びの善導に身を以てあたるのである。

(三)遊戲教場　遊戲教場は屋外に定め、其の設備は努めて自然的ならしめ、小山、池、草木、花壇、洞窟、堅穴、砂場、等を作り、木屑、家庭用具、小家、店、舟、汽車、古時計、鑵、木銃、車、等模倣的遊戲、粗末な構成遊戲が出來るやうな材料を秩序整理と備へつけて、自由に使用せしめると共に、其の遊戲場の整頓、清潔にあたらしめる。

(四)兒童の平素自由にやつてゐる遊戲を整へ、毎日繰返す間に自らに組織的計畫的ならしむるやう指導し、新しい遊戲をさせて子供としての暮し方を樂しませると共に良い遊びを好み、惡戲を好まないやうに導く。

(五)遊戲によつて團體生活の興味を味はせ、各種類の遊戲を教へて其の間に公明勇

氣、注意、努力、共同、同情、決斷、公憤等の諸德を養ふやうに努める。
(六)遊戲の第一に重要なることはその全我活動の努力である。單なる享樂に終るのでなく團、團體と行動を共にして自然の努力を經驗するやう遊戲せしめる。
(七)遊戲の種類と用具は兒童の發達に應ぜしめる。先にも述べたやうに遊戲も模倣によつて變化するものであるから此の性質を利用してよい遊戲を兒童の社會に流行させるやうに教師は終始注意しなければならない。級風とか校風とかいふこともかうして發達するのである。參考の爲遊戲の本質と種類及び其の發達について附言してみよう。

(遊戲の本質)

遊戲は人類にあるばかりでなく彼の猫兒、犬兒がお互に怪我しないやうに嚙みあつて戲れてゐるのを見ると他の動物にも認められ衝動であつてこれらは三つの特質がある。
(一)自由にして束縛なき全我の熱中的活動であること。
(二)活動そのものを目的とする身體的又は、精神的の自發的活動であること。

(三)多くの場合其の活動は愉快であること。

此の特質はカントやマックス、等によつて作業と區別せられた點で、作業は一定の目的を豫想し其の目的に束縛せられ、目的を果す爲に必要なる手段を選擇してかゝるのであるが、遊戯は遊びその者を目的とし、將來の實際的効果如何を考慮しないのである。

しかし大事業の達成は興味中心の熱中的活動によつて果されるもので、「作業の價値は其の中に含まれてゐる遊戯的分子(全我活動)の分量によつて定まり、遊戯の價値はそれによつてなされたる作業的結果(出來上つたものの價値)によつてきめられる。」といはれる位である。

(遊戯衝動と遊戯の價値)

何故兒童は遊戯をしたがるか、自然のままにおいても篠竹で銃を作つて遊び枕をかついで人形ごつこに熱中するのは何故だらうか。此の問題については種々の學說があつてスペンサーやシルレル等は勢力過剩說を立てて之を說明し、「兒童には一定の職業がないから比較的多くの剩餘勢力が有る、之が模倣性に導

かれ溢れ出て無目的に消費されるものである」。といつてゐる　遊戯は必ずしも勢力の過剰だともいへないが、だしかに此の種のものもある。　遊戯の休養説を主張する人々の言ふやうに中には或機關の活動によつて他の今迄使つた機關を休養させるやうな種類のものもあるが、準備説のいふやうに將來生活の準備にやるのではないかと思はれるのもある。　又反復説に從へば遊戯は一種の種類的遺傳で、祖先が弓をひいたり、石を打つたり、子を育てたりしたことが運動的習慣となつて遺傳し、兒童は生れ乍らにして此の遺傳的習慣を潜在的に備へ、發達するに從つて其の潜在性向が表はれて祖先の活動を反復するのであるといつてゐる。

遊戯衝動の成立については尚未解決の問題であるが、生物自然の本能に基くもので其の發達するに從つて複雑となり、身體的陶冶、社會的陶冶、知的美的陶冶の上に効果のあるやうな遊戯も現はれて個人及種族の發達に極めて重要な意義をもつものである。

(遊戯の種類と發達)

遊戯をどこが面白いかといふ標準で分類すれば、

(一)偶然的遊戯　じやんけん、双六、坊主まくり等のやうに偶然のことで勝負を決定し其の點に興味をもつのである。

(二)熟達的遊戯　凧上げ、獨樂、弓、玉つきのやうに活動が次第に目的に合することに興味を以て遊ぶものである。

(三)競技的遊戯　ベースボール、フットボールのやうに競技を興味の中心とする遊
である。

グロース氏の分類によれば

(一)第一類―感覺的遊戯…(電信遊び、かくれんぼ等)及び運動的遊戯…(かけつこ)。

(二)第二類―高等なる精神練習を主とするもの、

想像的遊戯…(動物園、人形遊等)

模倣的遊戯…(賣屋ごつこ、童話神話の模倣、お客さま等)

悟性的遊戯…(謎とき、計算遊び、歌あはせ、將棋等)

(三)第三類―團體的遊戯…(綱引、フットボール、野球等團體と團體との遊戯)

兒童の成長時期の異るに伴つて遊戯の發達には一定の順序がある。而して一定の順序に遊戯が變化しなければ十分に其の身心の機能の發達を促すことが出來ないのである。其の大要を見るに人生の發達期を三期に分けて遊戯の發達を概說すれば、

第一期―(生後…五六歳)五六歳頃までの兒童は自己中心の遊戯が多く、ゲームをすることがないやうである。大人の示唆によつて仲間入をすることがあるが團體遊戯の組織を呑こんで遊ぶものは殆んど稀である。

第二期―(七歳―十二歳)約說原理に從へば此の時代は丁度野蠻人の生活時代で原始的生活にあるやうな活動を多くする。遊戯は個人的競爭的で繩とび、かけつこ、角力、かくれんぼ、石打ち、等である。組織的團體的な遊戯は自然のままでは十分に發達しない。又男女の性によつて遊戯の種類に次第に變化を生じ、又精神的遊戯よりも運動的遊戯が多いのである。

第三期―(青年期)社會本能の段々盛んになる人生の危期で、一面には自分の位置を社會の人々の間に定め、又團體を組んで他の團體と競ふやうになる、狩獵、探險

等も此の頃からはじめられ、精神的遊戯が増加する。

三　生産發表指導の原理

兒童の個人或は團體的に絶えず營みつつある生産及發表の活動を指導し、個性を發揮して其の目的を成就せしめ更に第二の高い程度の生産發表活動に發展せしめる。

（目的―計畫―實演―完成―發展）

活動してゐるものは常に何物かを生産しつゝある。兒童の生産衝動は甚だ旺盛なもので、眼の開いてゐる間は常に何等かの生産活動を營んでゐる。花があれば首飾を作り、笹の葉では舟を折り、砂場ではトンネルを穿ち、木屑があれば軍艦を組立てる。作る事においては暫くの休息も必要としない。却つて休息が苦痛で、生産活動が其の代りになるのではないかと思ふ位である。靜療中の兒童を見ても少し氣分がよければ咳をしながら、新聞をきりぬき、人形をたゝみ、繪を畫いたりして暫くも床の中で温まらうとしない。若し兒童の此の生産活動が停止したら其

の時彼等の發達は中止したのである。學校に於いては此の生産活動を抑へて徒らに敎へこむことに終るならば兒童の正常なる發達は望まれず、個性の發揮も到底望まれないのである。

從來の學校も作ることを可成りに重んじた。然し乍らそれは兒童の目的活動であつたかどうか、何かの知識を與へて其れを作らせたり動作に現はさせようとしてゐたのではなかつたか、例へば學藝會の話方には敎師は先づ材料を用意して其の通り、兒童に暗誦させ、暗誦が出來るやうになると手振身振顏付を敎へて其の通り壇上で演じさせるといふ方法ばかりやつてゐたのではなかつたか、此れも敎育の一方法であるけれども、そればかりでは目的活動が働かない。我々は兒童を精巧なる蓄音器に仕上げようと思つてはならないのである。彼等の眼と耳と心と感じによつて心中に醸されたものを描き出し歌ひ出し、作り出すことを多くしなくてはならない。茲に初めて兒童の目的活動の筋道が立ち、其の全我の活動によつて個性が發揮されるのであつて、敎材本位に敎育法を考へるのでなく、兒童の創作欲と其の發展を本位に於いて生産活動をさせねばならぬのである。

兒童の生産活動は多種多樣に發展する。　手工製作、飼育栽培は最も顯著な生産活動で文章、歌、繪畫、聚蒐等計畫遂行の活動は總て生産活動と見ることが出來る。大體之を分けて、獨創と合作の二つにする。

獨創は所謂創作をいふのであつて與へられた形式に順應するのでなく事物を新たな形式に組立て、特に構成的想像的に働き、團體的に行動するよりも多く獨立行動をとるのである。　兒童の獨創活動は手工製作、繪畫、童謠、文章、歌曲等に發展し、大人の想像も及ばぬものを創り出すことがある。　彼等の生活は大人とはちがつて形式に囚はれることが少いので獨創活動には割合自由なものが多い。

合作は即ち共同製作であつて、割合大きな題目について各自の持場をきめて全體の目的に合ふやうに作り上げるので、此の活動にはリーダーが必要である。

獨創も合作も一つの目的を達成する活動であるが、兩者とも其の目的を達成すれば次に第二段の目的活動に發展するのが常である。　中には手工製作から文章、談話の形になつたり、好奇心が刺戟されて、知識探究の方向に進むものもあり、童話や劇的表現に發展するものもある。　又發明發見の方向をとつたり、動植物を飼育

栽培する作業となることもある。

生産活動の生活を指導することは要するに之等の方向に發展する活動を指導して、明確な目的の下に計畫的生産活動を到達させ、それによつて生活を指導するのである。試行錯誤も一つの生産活動であつて場合によつては必要であるが、學校教育は徒らにやつてみぞくの活動法をやらせてゐるだけでは到底今日の文化にまで兒童の生活を引き上げる事が出來ない。そこで生産發表の活動を指導するには次のやうな原理を念頭におかねばならないのである。

(一) 兒童の目的活動を刺戟するやうに環境を整へること。

よく奇想天外より落つと言ふけれども、何等かの刺戟がなくては奇想も生れるものでない。兒童の生産活動も、彼等の創作欲を刺戟するやうな身のまはりにおかれることが大切なのである。自分も一つ作つて見たいと思ふやうな作品に接する機會が多くなくては創作欲は萎縮してしまふ。發表會、展覽會、批評會を時々行ふのもよい。標本、用具、材料を周到に備へておくことも大切である。教師自ら

創作的生活をして兒童を刺戟することは更に大切なことである。

(二) 目的樹立と其の指導をする

兒童の創作的欲求は中々旺盛なものであるが目的を確立しなければ一日中なにすることゝはなしにうろうろうろしてしまふ。 作業主義の教育が講話主義の人々から批難される點は此のうろうろする子供のあることでこれは全く兒童に目的がなかつたり、教師から興味のない仕事を割り當てたりするからで、彼の作業共存體、團體訓育の名にとらはれて分業的に部分部分の作業をさせるやうな場合に多く起るのである。 作業の目的は本體としての兒童の目的でなければならぬ。 又獨創活動の場合でも合作の場合でも目的を確立し之を固執して完成まで突進する習慣は低學年の中から養つておかねばならぬ。 兒童の目的の中には「算術をする」「讀方をする」「圖畫がやりたい」。「手工がしたい」。等といふのがあるがかういふ具體的内容の無い抽象的な目的は確立した目的とはいへない。 算術とか讀方とかいふことは學校生活に影響された教科目の欲求で兒童本來の希望其のまゝではな

い。「粘土細工がしたい」、といふのも目的であらうが、もつと具體的に「舟を作らう」とか、「箱庭を拵へよう」とかいふのでなくてはならない筈である。そうなれば粘土だけでなく木の枝、松の葉、苔、木屑、小石何でも目的の爲に利用するだらう。「繪をかきたい」といふのも確かな目的ではない。もつと具體的に例へば、門の側のダリヤをかきたい」といふやうにならねばいけない。美しく畫くとか、形よくかくとかいふことよりも、美しいダリヤ、マッカなダリヤ」の氣分が第一のねらひどころなので、此のねらひどころのない繪には生命がない。從來のやうに直觀のない學校にはこんな要求をする兒童がなかつたが直觀を重んずる指導に於いては次第にこういふふうになるのである。幼い子供には此のねらひどころを直覺する力は强いが考へることが弱いからどこがねらひどころかとつきつめることはむづかしい。漠然として繪の爲に繪をかくのでは幾度かいても成績が上らない。指導は此の點に先づ第一に加へられねばならない。

以上は主として圖畫手工についていつたのであるが、文章でも、劇でも事物の研究でも皆確立した目的を立てさせねばならない。

（三）方法と材料について計畫を輔導し、又一には次第に大きな團體的活動のプランを立案するやうに導く。

材料、用具、方法は何かを創り上げようとするのであるから其の目的が定まると、次に目的活動について計畫を立てねばならぬ。しかし物によつては目的を精しく考へれば別に材料や方法にわたつて計畫を立てるに及ばないものもある。計畫を立てる際に忘れ易いのは感情的分子を考慮することである。文章にも日常とする事柄と生かさうとする心持ちがあり、製作の計畫にも正確なだけでなく美しく作るといふ部面が大切である。

合・作・の計畫は目的を明かにしてリーダーを中心に各兒の意見を述べて計畫を立てさせるのであるが、此の際にも原案を出すやうに指導しなければ相談がまとまらないことがある。そして原案の作成に教師も參加して指導するのがよい。合作の計畫において最も注意すべきことは一人一人の擔當する仕事を明瞭にすることである。そして全體の活動に對して各自の貢献する所を明かにさせるのである。計畫は書き表はすやうにしなければ正確には行かない。又計畫に粗漏

が多い時は幾度も失敗を重ねなければならない。然し一年の間は獨りでは十分な計畫は出來ないし計畫があつても書き表はすことが容易でない。又彼等の選んで來る仕事も非常に小さいが、二年になると仕事の單元も大きくなり、複雜な計畫も出來て來る。仕事の單元の大きさを兒童の發達程度に適應させることは指導者の最も注意すべきことで多くの失敗の原因はこゝにあるのであるから、失敗の責任は兒童よりも指導者が負はなければならない。總て兒童の計畫し得る範圍は彼等の目の通る範圍であるから、一二年の頃にはどうしても學級全體が參加するやうな大きな計畫を立てることは出來ない。それは教師のプランで仕遂げねばならない。一年の最初は自分一人の作業の計畫さへ出來ないが、指導によりだんだん二三人で仕事を求めて共同計畫を立てるやうになり遂には十數人も參加するやうな計畫をたてられるやうになるのである。

(四)實演と完成の指導。

製作表現は目的活動の主要部で、おぼろげに心中に描かれたものは現實となり、

現實化されたものに暗示されて更に工夫が生れ創作が發展し、又一面には技術の練磨となり、勞作動勞となつて意志を鍛錬する。兒童には往々にしてその仕事の多岐多端なるが爲に、又は他の目的が生れて來る爲に仕事の途中でやめてしまふことがある。殊に意志薄弱なものや、移氣の早い人にそれが多い。之を固執させて完成まで努力する習慣は低學年に於いて先づ確立しなければならない。低學年から此の習慣を育てゝ行かなければ何時になつても常に薄志弱行の人として殘されてしまふ。既に目的の樹立に於いて獨立した個人としての指導を受け又實演に於いて完成迄の習慣を養はれ、所謂「始あり、終ある」教育を受けて兒童は發達する。完成した時には教師は一點の花を添へる用意がなければならぬ。兒童の完成したものにはもう一息の仕上げがいつもたりないからである。

(五)鑑賞批評と第二段の發展

創作、生産の活動は作り上げたものに多くの價値があるといふよりも、作業の道程に教育的價値を認めるのである。出來上つた品物が何圓するかといふやうな

値打があるのではなく、それよりも完成した時の滿足が更に高價なのである。そして其の滿足は契機になつて第二段の活動に發展する樣指導することは亦甚だ重要なことなのである。

目的とした製作、文章、歌等が一段落を終へたならばそれを兒童の社會の文化として社會化しなければならない。相互批評、鑑賞、發表會、展覧會は此の社會化の手段であつて兒童文化の進歩は學級の進歩である。幼い兒童のことであるから反省批評の効果について多きを望むことは出來ないが、其の目的活動が如何に面白かつたか、どれだけ爲になつたか、目的、計畫、材料、方法、製作、時間等に全般について反省させることも甚だ重要なことで、兒童相互の眼によつて批評を受けることは其の創作力を高め次の創作活動に光明を與へることが屢〻ある。

一つの仕事が完成した時活動はそれで休止するのでなくて、其の活動が基になつて更に新しい目的活動に發展するやうに導く。二週間程かゝつて各自の作つた玩具や、果物、繪本等を集めて賣屋ごつこになつたり、電車の製作から電車ごつこになつたり、「私のもの」文章から「私の家」、次に「私の學校」・「學校の製作」と進む。斯う進ん

て行く間に兒童の生活は何時の間にか目的活動の連續的發展の形式となつて來る。此の目的活動の連續的發展は人間活動の模範的なもので、我々は命令や運命に支配されるだけでなく自分の思慮と意志と努力によつて自分の運命と人生を開拓する。此の自己開拓の人生を送り自己創造の喜を味ひ社會共存の有難さに感謝する生活とて最も幸福なものである。

四　學習指導の原理

兒童の學習欲に應ずる有益なる材料及び其の生活上特に授くべき材料を選擇して力めて自然の習得樣式において學ばせしめる。

印象―學習―發表―生活化(或は遊戲化)

兒童は入學すれば何かを學んで歸らうとする意識が明瞭に現はれる。これは學校へ上つたといふ小さい乍らも一つの誇から生れることもあらう。又家庭でそういふ風に注意するせいでもあらう。學習欲は人類のみに與へられた特權で之によつて人類は文化を建設し、個人は自己生活の高上をはかるのである。幼い

時代に教へ込まうとすることはよろしくないけれども、彼等の學習活動を刺戟して日に日に偉くなるやうに指導して自らの生活に理解と自信とを得て學校は自分の各方面の希望のとげられる樂園といふ感じをもたせたい。教へることは甚だ惡い事のやうに心得ちがへては却つて學校をきらふやうにさせる虞がある。

然し乍ら學習生活の指導は他の學年に學科を教へることは甚だ趣を異にする。徹頭徹尾彼等の生活を中心にして、其の材料も方法も生活的なることを要件とするのである。文字を教へ、勘定の仕方を練習するのも彼等の生活の用具として利用させるのである。「知識の爲の知識」は低學年の兒童に授ける必要はない。彼等の生活發展と興味を標準にして、其の生活範圍即ち家庭、郷土、學校、自然身體、朋友並に兒童の內的生活等から適切なものを選び、自然の習得樣式に於いて學習せしめるのである。

學習材料を生活中心に選擇することになると低學年敎育の目標に合するといふことはどこでも同じであるが、其の內容上には帝都の中央にある學校と邊鄙な漁村や山家の學校とは可成りな差異が出來る筈である。

而して材料を選擇する場合に是非念頭に置かねばならぬことは兒童の遊戲生活及び生產發表の生活である。之等の生活は此の時代の身心の成長及發達の特性を反映してゐるもので、彼等の興味の殆んど全範圍に亙り、其等の興味目錄の性質は此の時代の生活の典型である。

兒童は學習を命ぜられなくても、自然に遊戲、模倣、工夫、試行、觀察、質問、讀書、發表、實驗等の方法によつて多くの知識技能を習得し練習してゐる。例へば何等の系統的指導を受けなくても入學する迄に四千餘の言葉を學び、僅かに三週間の「イロハかるた遊び」によつて假名四十八字を自由に讀むことが出來るやうになる。無論孤獨の自然生活ではなく境遇の暗示と朋輩の刺戟を受けることは甚だ多いのであるが、斯うして生活の間に學ぶ方法を自然の習得樣式といふのである。

學習指導は努めて自然の生活樣式に於いて實施するのであるが、指導の要領は印象―理解―發表―生活化の順序を追はねばならない。此の順序に從はねば正しい認識が出來ないのである。然も一貫するに興味を以てしなければならない。

左に學習生活指導上の重要な事項を述べよう。

(一)直觀指導。

(1)直觀の任務　直觀といへば低學年の原料だらうと思はれるかもしれないが、唯理科的知識を授けるのみが低學年の直觀指導の任務ではない。例へば「櫻」の花を敎へるのは其の花瓣の數や蕊の種類や形を觀察させるだけではない。それは寧ろ第二段のことで、直觀指導の第一の任務は「櫻」の全體的直觀によつて其の生命を棒みとらせることである。爛漫たる櫻花の偉觀と壯麗とを感受せしめるのである。理科的知識の直觀ならば敎室で分配された一輪の花を見ても其の目的を達せられやうが、低學年の直觀はそれだけではこの目的とする感情陶冶が出來ない。やはり櫻の直觀は生きたまゝの櫻を見なければならないのである。低學年敎育の直觀は概念を構成する以前に實地實物について直接なる感覺印象を受けるといふだけでなく、情意的刺戟を重要視するのである。

彼等の心の働きは知識のみが情意と關係なく働くのではない。寧ろ情意活動に附隨した判斷活動ではないかとさへ考へられる。我々の經驗によるに兒童は甚だよく直觀に心を動かされる。しかしそれは知的事項によつて動かされると

いふよりも情意的刺戟に感動するものである。花壇にかけて入るのは花の形や色や名前を覺えたり判斷したりする爲に行くのではなくて、花の美しさをたのしむのである。そしてまつさきに「やー美しい」。と讃美する。彼等は自然の事情に對して驚異と讃美と探求心に充されて飽くことを知らない。此の心を伸すことが即ち直觀の第一のねらひ所である。

人間を單に冷靜なる知識の塊とするばかりでなく、全體として人間味あらしめるには直觀の際に知的に活動するばかりでなく、大いに情意の活動もさせねばならぬ。低學年に於ける直觀指導の意味は此の全體的直觀の態度を養ふことにあるので、幼い頃から物を打算的、功利的、知的にばかり見るのでなく、美的、宗教的、藝術的に見る態度を養はねばならぬ。これが人格育成の第一基礎をなすものである。

(2) **直觀作用の特色と指導方法**

直觀作用の特色は第一**實物から受ける感覺的印象と感能感情である**。直觀の直觀たる所以は實に此の實地實物から得た知的元素と、情的元素を得られるといふことである。直觀なしには我々はどうしても此の精神活動の元素を獲得する

ことが出來ない。故に實地、實物を用意せずしては直觀學習は絶對に不可能である。菜種は一本の直觀では其の春の象徴としての陽氣さを知ることが出來ないやうに努めて自然のまゝの直觀材料を用意するのでなくてはならないのである。直觀作用の第二の特色は精神作用の出發點をなすことである。我々の心の働きは大體印象―受容―發表といふ經過を通るものであるから、印象を受ける直觀は精神活動のスタートと見ることが出來る。故に直觀生活の指導は單に直觀的印象を受けさせるだけにとゞめては目的を達したものでない。理解玩味し進んで情意的發展、發表的活動にまで及ぶのでなければ十分だとはいへないのである。直觀材料を中心に唱歌、童謠、繪畫、飼育、栽培、製作、作業、遊戲等の活動が行はれるのはその爲である。

第三の特色は强烈にして鮮明なる印象といふことである。故に注意を集注させ、精神活動を活發ならしめる。此の特色が兒童の精神活動の特色に適合して自然に對する驚異、追求、讚美となるのである。

第四に直觀の態度は誰でも同樣だとはいへない、寧ろ個性的である。普通の態

度は分析的部分的に働くよりも綜合的全體的に進む。例へば海岸に板の片が落ちてゐたとすると、其の板はどうなつてゐるかを知らうとするよりも何の板か其の意味を知らうとして働く。そして海岸にあつたこと、ひとどめのくさびのあること等を綜合して舟板だと判斷する。と同時に難波船があつたのではないかと考へる。かういふ風に意味を求めようとして進むのが普通であるが、中には板の片それ自身を何の木だらう、木理はどうだらうと徹頭徹尾物について觀る態度もある。又何か利用の道がなからうか、薪にでもならう、鹽水はつかつてゐるからだめか等と考へる者のある、一片の花瓣を見ても或者は何の花瓣だらう、美しいなといふ態度で眺め、或人は形、色、脈、等と分析的に見る。私は直觀物には動すことの出來ぬ要素があるが、之に對する態度と心の進み工合は個性的であると思ふ。

又大人と子供とは直觀生活に多少異つた所がある。彼等は概して想像的、情意的で、しかも見おとし、見あやまりが多く關係的に判斷するのでなく個々別々に觀察する。この直觀の個別性は直觀指導の劃一的であつてはならないことを意味してゐる。各自の直觀に十分の個性を表させて發表せしめたり學級全體の學習

に移した場合に愈々直觀指導等の効果が大となるのである。

(3)直感の範圍と材料

直觀材料の範圍は兒童の家庭生活、學校生活、郷土生活、自然界、自分の身體等の各方面に亘り、其の種類は感覺的、數學的、道德的、宗教的、藝術的、經濟的、社會的の各種に及ぶのである。勿論材料によつては一題目によつて此等各種各方面の直觀を果すことの出來るものもあり、直觀する方面の甚だ狹いものもある。

直觀材料の選擇を兒童の手儘に一任することも又兒童の興味の如何を考へずに教師の一存でおしつけて行くこともよろしくない。直觀材料選擇の大體方針を次のやうに立てゝおく必要がある。

1、原則として、直觀指導の趣旨に合ふものを材料とすること。

2、直觀材料は總て兒童の生活範圍に求め廣く各方面の材料にわたること。

3、兒童の興味と理會力に應じ、なるべく研究作業、發表等の活動に發展するものと選ぶこと。

低學年に於ける直觀材料を用意することは實際上極めて緊急な問題であるが、

右の方針によれば全國の直觀教材を劃一的に定められるものではない。左に著者の實施した材料と其の方法の概要を見ようと思ふ。

(A) 郷土的材料

郷土とは大體其の日の中に實地見學の出來る範圍と見るがよい。教室の解放といふことが近代教育の重要な主張であるがその精神は「言語主義の教育から實地經驗の教育へ」といふことであつて現代教育思潮の當然の歸結である。然し乍ら此處に注意すべきは計畫なき開放の危險なことである。郷土的材料をとるにしても一定の豫案の下に行はれねばならないのである。郷土的材料には種々なる内容が含まれてゐて、(一)地理的事項、(二)歴史的事項、(三)經濟的事項、(四)自然科學的事項、(五)風習行事、(六)社會的倫理的事項、(七)兒童生活等甚だ多い。然し乍ら何れも郷土の香を以て滿されたものでなくてはならない。我校には尋常一年より高等科迄の校外教授の配當案が定めてあつてそれに從つて毎月一回以上實地校外觀察をすることになつてゐる。左に低學年に於ける校外教授配當案を參考の爲表示する。

月	尋常一學年	尋常二學年
第一學期		
四	神田明神	芝増上寺
五	湯島天神	上野動物園
六	日比谷二重橋 東京驛	月島——（海）
七	稻毛（潮干狩）	大宮町
第二學年		
九	動物園	九段遊就館
十	九段靖國神社	上石神井田園
十一	上野公園及其の附近	小石川植物園
十二	高尾山	膝折（いも掘）
第三學期		
一 二 三	隨時必要に應じ場所は適宜定める（二三回）	同上

(ト) 飼育栽培の材料

直觀指導といふことは觀察だけを指導するのでない。又徹底せる觀察指導は作業によらなければならない。動植物の觀察でも己が手鹽にかけて育成したものが興味の對照として最も强烈なものであり、最も徹底した直觀の指導が行はれるものである。

扨て其の飼育栽培も亦一定の案の下に行はれねばならない。低學年には學年に應じた手入れが出來るやうな材料を求めねばならない。又都會と田舍、農村と漁村によつても材料の種類は加減さるべきである。我校に於いても既定の計畫案により飼育栽培の指導が行はれてゐる。左に低學年に於ける重要なる題目の

みを掲げることゝする。

(イ) 植物栽培……畠約二坪、栽培鉢等。

草花類、松、杉、檜の苗木、ダリヤ、茄、へちま、ひさごつゝじ、朝顔、藷芋、南瓜、蓮、大豆、大根、なす、たんぽゝ、葉毛頭、アスパラガス、麥、馬鈴薯、菊、野菫、蘇、ひまはり、百合、蘭、小豆、豌豆、蚕豆、稻、水草、くわゐ等。

(ロ) 飼育動物……飼育器飼育所、池等。

鷄、家鴨、カナリヤ、四十雀、十姉妹、龜、金魚、鯉、鮒、かに、こほろぎ、螢、とんぼ、幼虫、かたつむり、青虫、色々のさなぎ、おたまじやくし、ばつた、鼠、モルモット、兎、蠶、水棲昆虫類等。

(ハ) **觀察材料**

たは低學年に於いて實施した題目の一部分である。

第一年學觀察の材料

第一學期

1、學校の庭　動植物の觀察のみならず學校全體を理解する目的のもので、採取描

寫、寫生、製作等の作業にも發展させるのである

2、春の自然　郊外に於いて行ふ唱歌、遊戯、野遊びに出發して話方文字綴話等の發表に迄發展せしめる。

3、花壇植木鉢の手入。

4、さくら　櫻の花を一つとつて分解的に觀察するよりも爛漫たる櫻花の下に樂しく遊び、繪にも描き諸も歌つて、後花瓣、蕋等については簡單に取扱ふ。櫻は繼續的觀察を要するものであるから、蕋が實になるまで折々觀察させる。

5、花と蝶々と蜂　花粉媒介の作用に深入りする必要はない。花畠に蝶々や蜂の多いことに注意させて動物と植物の親しい、しげな状態を鑑賞せしめるのである。小さい人間の考を以て此の大自然の作用に始から片理窟をつけるものではない。先づ味ひ而して後に生れる質問について一二取扱ひ若し蝶や蜂と花の蜜との關係を取扱ふにしても理學者が見るやうな冷やかな眼や打算的な考によつて判定すべきではないのである。

6、オタマジャクシ　繼續的觀察をなさしめる。教室に水槽を用意してオタマジ

ヤクシを入れておくならば三週間位で肢が出てぴよんぴよん跳ぶやうになる。唯食事を與へすぎてはいけない。お互ひの死骸を食つて發達するから何も與へない方がよい。

7 藤の花　花の美しい様子を觀察して繪にかゝせ、童謠にも作らせる。中には藤の花の一輪について多少分解的な觀察をすることに興味を惹くものもある。藤の花を數ふることによつて數方の指導も出來首飾を作らせることも出來る。

8 動物園　觀察したことを製作作業によつて發表させる。―私達の動物園、なきまねごつこ。

9 植物園　春から夏にかけての植物の變化を觀察させる。

10 大豆　播種から發芽、結實迄栽培し、繼續的に觀察させ、初秋の頃枝豆を收獲して賞味するのである。

11 笹舟　笹を材料に、川邊で遊ぶつもりで實施するがよい。文學的直觀とはかういふ材料によつて行ふことが出來る。童謠も遊戯も併せて實施する。

12 鷄　ひよこ、牡鷄、牝鷄を觀察せしめて其の愛らしい點に着眼せしむる。殊に其

の飼料と効用については、彼等の考を整理しておく必要がある。

13、カタツムリ　蝸牛は菊畑や菖蒲の畑の土の中に入つてゐるから探し出すのは容易である。之を敎室の飼育器に飼つておけば蝸牛の食物習性を觀察することが出來る。尙此の取扱に於いては蝸牛の形態習性の觀察のみでなく蝸牛を愛し戯れる童心の現はれを尊重しなければならない。しかし蝸牛は害虫である。

14、川邊　水邊の植物動物及び河流の觀察が其の目的である。此の時には多少計畫的に仕事をさせたいと思ふ。即ち觀察の方面や採集物を分擔して敎室へ歸つてからそれ等を整理するのである。

15、七夕祭　星の觀察を目的とするものであるが、敎室で七夕樣を作らせるがよい。兒童は晝の間に之等の作業をすれば多くは夕暮れをまつて星をながめるものである。豆電燈を裝置して星空を作る作業も面白いものである。

16、葉の樣々　大人にしては無趣味の作業のやうであるが、兒童には甚だ喜ばれる仕事である。校庭の木の葉の樣々の形を採集して分類する。名稱もつける。

葉を材料に様々の細工もさせることが出來る。

17、水鐵砲。竹を切つたり、錐を使用することは困難であるから教師が手を加へて水鐵砲を作り水遊びをさせる。此の種の經驗は一見甚だ無價値なやうであるが、非常に大切なものである。

18、夕立と虹。機會教授にするがよい。繪話、童謠、等に發展させる。

19、夏休の注意。衞生事項の教授も必要なことで休暇の前には是非衞生上の注意事項を心得させたいと思ふ。

20、夏の自然。蒼緑滴る如き夏の樹木を觀察させ、繪にも書かせて、其の下で遊ばせたい。蔭の涼しいこと、日方石の熱いこと等の實驗もさせて見るがよい。

第一學年第二學期觀察材料

1、夏休の整理。休暇中の種々な製作や採集物について或は展覽會を計畫し一通り説明も加へて整理しておきたい。

2、學校園の手入。休暇前に植付けた藷、豆朝顔等の手入をしておかなければならない。

3、**朝顏**　繼續的觀察の材料である。　發芽、施肥、除草、開花、果實等何れも直觀の重要な材料である。　花瓣を他の離瓣花と比較したり蕋が幾本あるかといふやうな觀察は輕く取扱つてもよいが、朝顏の美しさ、清新さについて充分鑑賞せしめることを忘れてはならない。　又蔓をまきつける垣根や、水肥を施すやうな作業は直觀作業として當然せねばならないものである。

4、**學校園で虫とり**　害虫驅除を目的とした作業であつて、中には虫を恐れて見ることすら出來ない兒童もあるだらうが、一二回やらせれば平氣になる。　虫とりも計畫的に何の品には如何なる虫がゐたかを調査させたい。

5、**はぎの花**　花瓣、花の形等の如き部分部分の觀察をさせる前に、全體の氣分をとらへて描寫するなり謡ふなりさせたいものである。　つまり綜合的全體的に來る直覺を先づ味はひ然して後部分的に進むべきだと思ふ。

6、**秋の野と花**　直觀にはいつも言語が伴はなくてはならない。　直觀なき言語は空虚であるが、言語のない直觀は統一も記憶にも不便である。　秋の野に遊んで花を採集し其の名稱を數へ、七草の愛らしい姿等を鑑賞せしめる　繪や童謡に

發展せしめることは何時の直觀に於いても同樣である。

7、田圃　黃金の波たゞよはす秋の田の面に鳴子鐸いて群雀とぶ樣は實に一幅の風景畫である　稻の實れる樣、田を刈る農夫の活動、農村の取入の多忙さを直觀することは甚だ重要なことである。　砂箱の田、唱歌、繪等に發展させる

8、紅葉　楓、柿、銀杏、ポプラ、櫟等種々の紅葉した葉を集めさせ、紙折を造つたり葉の美しい所を模寫させたりする。　秋の仕事として之等は非常に面白いものだと思ふ。

9、月のお話　高遠なる宇宙觀やむづかしい天文學を說明するのではない。　月の秀姿を目標にして文學的直觀をなさすべきである。　十五夜の前日にはお供への飾もして兒童と共に月の出を待つ心持になり、夜は各自月の觀察をさせるがよい。　月に關する唱歌は甚だ多いから面白く利用することも出來る。

10、キリギリス、クツワムシ、スズムシ、コホロギ　きびがらと簓子を使つて虫籠を作らせ之等の鳴く虫を飼育させる。　形態習性の一通りの觀察も必要であるが、同樣に其の可憐なる姿、美しい音の鑑賞をさせたい。

11、菊・　五月の始から庭に栽培した菊は手入に手入を經て美花を競うてゐる。直觀して繪話や謠にかゝせてから、菊の花を理科的に觀察させる。

12、落葉木と常磐木・　「春の若芽、夏の蒼綠、秋の錦葉を經て晩秋の淋しき落葉を見る時誰か心中に詩趣情味を感ぜざらん」である。單に理科的の觀察のみでなく、此の情趣を味はしめることと何かの形に表現せしめることを指導すべきである。

13、霜柱・　霜柱の美しい様子を見て或は無人の御殿を想像し、地下の靈力に驚き、或は白髮の霜老人を空想して見るのが兒童の常である。彼等の空想を思ふ存分發展させ童話、童謠に表はさせ、最後に霜柱の出來る所以を知らせておくがよい。

14、學校園の冬仕度・　豌豆、蠶豆、麥、菜種等を播種し、除草もしたり、こもかけたりして冬仕度をする。植木鉢や、水族器や、水性植物を栽培した容器類は適當な場所に貯へねば結氷の爲に破壞される心配がある。

15、ストーブ・　十二月にはストーブが各教室へ入れられる。其の使用法(石炭のくべ方、風穴、煙突の掃等)を知らしめると共に石炭についても多少きかせてやりたい。

又私の兒童の中にストーブの童話を創作したのがあつたが非常によく出來てゐた。直觀といふことは知的觀察のみでなく情意の活動を大いに惹起させねばならぬとは再々述べて來た所であるが、ストーブの如き材料になると感謝の情を動かすに適切なものである。「天に謝し、地に謝し人に謝し物に謝す生活にまさるものなき」底の人生觀は甚だ重要なことだと思ふ。

16、さ・ざ・ん・く・わ・　冬の始めに咲く珍らしい花なので兒童の目にとまる事が多い。其の描寫や、童謠等も直觀に作ふ仕事であるが、花の氣品を考察させることも出來る。梅や櫻の花より稍氣品がないやうな感がする。給等に表はして全體印象を捕えてから理科的觀察をさせるのもよい。

17、冬・の・芽・　木の芽は明春の用意を春の末方からはじめて冬になれば防寒用の鱗片を以て包んでゐる。冬の芽の防寒具は毛のもあれば袋狀物もある。丁度子供達がオーバーやスエターを着けてゐるやうなものである。人の寒いやうに木も冬になれば重ね着をしてゐることを直觀させたい。

18、石・鹼・球・と・風・船・球・　獨逸の家庭では普通の家に工業用藥品が常備されてあつて、

子供等は水楽の實驗などは家庭に於いて遊戯にやつてゐるとの事である。せめて我々は學校だけでも幼少の頃から此の種の經驗をさせたいものである。石鹼球や風船球をとばすこと位は造作もないことである。但し藥品を使ふことは未だ兒童にさせる程に一般の社會が進んでゐないから注意を要する。

19、山•吹•鐵•砲•　篠竹を切つて空氣鐵砲を作ることは非常に面白い。竹をきつてやれば兒童にも容易に作ることが出來る。紙をしめして詰め込みパチッと擊つことは彼等の非常にうれしい遊びで同時に得難い經驗である。

20、風•車•　風車には三四種形の變つたのがある。工夫すれば幾種類も出來やうかと思ふが、自分で作つて廻轉さるのが一番面白い。風と羽の工合について見ても可成り大きな問題があると思ふ。

第一學年第三學期觀察材料

1、正•月•　三學期の初めは彼等の精神界は殆んどお正月で滿されてゐよう。正月における市の樣子、しめ、かざり、雜煮、若菜、門松等が其の觀察の主なものであるが、大いに情意の活動を促して童謠や繪に表はさせたいと思ふ。

2、雪　一塊の雪を机上にのせて眺めるのは科學者のすることとて兒童に要求すべきことではない。外套を着て校庭を飛びまはり、晴間には雪だるまを作り、雪犬、雪兎を作つて鑑賞し、花園を飾る雪景を見て喜ぶ彼等の生活を指導することが第一の仕事なのである。雪の降り方を見て白髮の老母が緋を織ると想像したり、一面の銀世界を見て年の改まるしるしだと考へあはせたりすることも面白い。雪の原因、雪の結晶などについて多少知らせてもよい。

3、みかん　如何なる理由かしらないが兒童はみかんの直觀を喜ぶものである。事細かに分解して調査して樂しんでゐる。みかんは植物學的の解釋よりも他の果物と比較して甚だ器用に出來てゐる點を見させるがよい。たしかに兒童の喜びそうなところであらう。

4、紙の飛行器　紙を折りたゝんで飛行機を作る方法にも幾種類かあるやうである。たゝむことも一つの直觀作業として見ることも出來るが、それよりも觀察し、興味を喚起させせねばならぬ點は其の飛び方である。折りかへては飛ばせて實驗させる所に重要な價値を認めるのである。

5、**着物**　寒くなれば着物を重ね、溫くなれば薄着をする。然も其の一枚一枚の着物には兩親の溫い心がこもつてゐるのである　動植物は寒くなれば自然が着物を與へる。人間は親が與へる。着物には所と時代によつて色々あるが、毛で作るものと綿で作るものとだけを知らせておいたらよからう。

6、**氷**　氷はどうして出來たか、何時の間に出來たか、夏の氷はどうして作るか、自分達が氷を作るにはどうしたらよいか等について敎へると共に實驗もさせて見るがよい。食鹽と雪とを混合して中へ水を入れた薄い容器を挿入しておくならば、一時間を用せずして氷を作ることが出來る。尙進んでは水の三態の變化についても敎へたいと思ふ。又「私は水の一しづくです」といふ想像文を書かせることも面白い。私は二年の複式を敎へたころこの題で書いた兒童があつたが二年には可成りによい作が出來た。

7、**冬の花**　福壽草、梅等の冬の花がある。若し手に入れることが出來たら直觀させた方がよい。

8、**獨樂**　兒童を玩具によつて敎育するといふことは甚だ重要なことゝて、獨樂、水鐵

砲、風車、竹とんぼ、羽子、石鹼玉磁石等皆兒童の生活にふさはしい玩具であつてこれによつて知らず〳〵の中に彼等の生活が充實して行くのである。獨樂の如きも廻して樂しみ手に載せて喜びながら、何故に一本足できりきり廻轉し乍ら倒れないかを不思議がるやうにさせたい。

9、磁石　田舍の兒童には磁石を使用することは殆んどないかも知れないが、都會の子供は、殊に男子は磁石の一つや二つを持たない兒童は少いであらう。彼等の重要な生活用具であるから適當な指導がなくてはならないのである。

10、炭と石炭と薪と石油　燃料と其の用具と用途を知らしめる程度でよい。

11、ひなまつり　雛壇を觀て文章、繪話等をかゝせる。主に鑑賞的取扱である。私尋常二年と共同して大きい雛壇を製作せしめたことがある。兒童は非常に喜び乍ら作業をして可成よく出來上つた。兒童は本心から買つた品物より自分達の作つたものの方が可愛い」。といつてゐた。(口繪參照)

12、ポスト　ポストの機能を知らしめて惡戲のすべきでないことを知らせる。

第二學年觀察の材料

第二學年第一學期

1、學級園の手入　可成りに計畫的にやつて行きたいと思ふ。直觀指導は前にもいつた通り見るだけでなく、大いに働くのでなければならぬ。各人にはシャベルを與へた方がよろしい。普通一丁の代十二錢位で六ヶ年も使用し得るのであるから甚だ結構なものだと思ふ。

2、好きな花　先づ實物について繪を描かせ又は童謠を作らせる。童謠とか、寫生といふものは其の實感を尊ぶのであるから敎室へ入つてから考へるといふよりも其の熱のさめない間にかゝせる。童謠の如きは日頃の經驗の中に得たたつぷりした切實なる情緒を基にしなければいけない。綜合的情感的な直觀活動が終つた後花瓣、蕋、蜜、等等について觀察させ名前も示したらよい。

3、レンゲ、タンポポと昆虫　れんげ草やたんぽぽは繼續的に觀察せしむるにも面白い材料である。タンポポの花莖の伸び方、花の開閉、花の形等について觀察の興味を誘ふことも出來る。

是等の花と昆虫との關係は前學年に於いても多少取扱つたのであるが、前學年では單に仲がよいといふだけで何が故に仲がよいかにまでは深入しなかつた。二年では花類と昆虫といふ題目の下に其の關係を數へるがよい。

4、麥・ 前年の秋頃麥蒔をしてから、其の稔るのを待ちこがれて繼續的に觀察して來たのである。兒童の中には麥と稻とを取りちがへてゐるものがまゝあれば、又平素食べてゐても如何なる植物の實からとるかを知らないものも多い。實地の觀念を養ふといふことは本學年に於いては特に努むべきことである。これは都會の兒童のことであるが、田舍の學校でも麥や稻は栽培した方がよい。

5、竹と筍・ 竹籔に行つて直觀させたい。若し校庭の一部に竹林があるならば、毎日伸び方を測らせたがよいと思ふ。此の教材も知識として授けるばかりでなく同時に自然の偉力に對する驚嘆の心持や、探求的精神を製作童謠文章等に發表させねばならない。篠竹を使用して玩具を製作させたいと思ふ。

6、紋白蝶・ 蝶の花畠にゐる習性の觀察を充分にやる必要がある。翅をちぎつたり、脚をいぢつたりする前に嬉々として花の蜜を吸ふ陽氣な春の心持を直觀し

て後花と蝶との關係、蝶の變態(卵―幼虫、さなぎ―蝶)習性、形態について、材料を蒐集し直觀せしめるのである。

7、鮒、鯉、金魚　教室で飼育させるがよい。水族飼育器の大きさは幅四十五糎、長さ六十糎、深さ四十五糎位のがよいと思ふ。兒童が魚類の世話をすることが直觀の重要な作業である。夏になると寄生虫がわき易く、食物を與へすぎれば死んでしまふ。金魚と鯉と同じ水槽に入れおくと金魚は早く死ぬやうである。教師は飼育法の一通を心得てゐて親切な心持で魚を飼つてやらねばならぬ。自然界に對する純眞な愛は直觀から生れねばならぬ徒らに魚の解剖をして見せる如きことは低學年に於ける直觀指導の本旨ではない。

此の飼育した心持を文章にかゝせるもよからう。粘土で其の形態を寫實せるもよいと思ふ。金魚の如きは童謠にも詠まれるだらう。切拔細工をさせて色を組合せたり色テープで圖案化するのも面白い作業である。

8、蠶　教室で養蠶をすることは甚だ有意義なことである。我國は世界第一の養蠶國で、年産繭高六億萬圓餘にして本邦貿易の輸入超過は生糸の輸出によつて

大部分を補はれてゐるのである。然し乍ら兒童は自分の着てゐる着物が木綿であるか毛織であるかさへ知らないものが多い。蠶から生糸をとつて絹織物を作ること位は養蠶國の兒童なら低學年でも知らねばならぬ。五月始めに蠶卵紙を求め毛蠶を飼ひ結繭するまで世話をさせたいものである。嘗て私も隨分澤山飼つたこともあつたが、教室で飼ふのは多きを必要としない。桑を求むることも一通りの苦心ではないから、百匹内外でよからう。教師は日曜日に登校して給桑する骨折をおしんでは結繭する迄飼養出來ない。又鼠は蠶を好んで食ふものであるから、教室の窓や節穴まで注意しなければならぬ。桑は鑵や瓶の中に密閉して貯へておけば二日位は萎れない。

9、**端午の節句**　節句が直觀材料になるとは聞きとれないやうであるが、社會の習はしに着眼させることも亦直觀指導である。殊に男兒にはふさはしい。節句の中からとる材料には吹流し、鯉幟等のよいものがある。殊に鯉幟の尾鰭を上げる理由、矢車の廻ること等は趣味の多い材料で、それを見て繪や文章にかゝせれば甚だよく發展する。鯉幟を製作することは容易なことで、共同製作にして

竹につるして直觀させるがよい。

私の實施した經驗を申せば、兒童と共に計畫して長さ二間の鯉を作つたのであるが、先づ黑板一ぱいの鯉の繪を書いてその形の通り程村紙を貼りつぎ、片側はそれにあはせて作り、乾かしてから鱗をかき彩色した。二間の鯉ならば約百枚の紙が入用である。製作が出來上ると幟に立てゝ其の威勢のよい所を見させる。黑い鯉は力を表徵し、赤い鯉は勢力を物語る。殊に兒童の不思議に思ふ事は何故に鯉が空中で游ぐかといふことである。或兒童が「先生誰が發明したのかうまく考へたものですねとしきりに感心してゐるので其のわけを聞いて見た。すると風や吹き流しよりは鯉幟の方がよく考へてあるといふ事をよく說明してゐた。五月の節句には其の他に菖蒲湯粽五月人形等文學的方面に發展する材料が甚だ多い。文章に書かせて之を讀方の材料にすれば國語敎科書の文章よりももつとよいものが出來る。

10、海・貝類。五月の中頃から潮干狩の行はれる地方では貝類を直觀材料にするがよい。出來得るならば廣い海に充分親ませたい。貝類だけを直觀せしめると

すれば教室内の作業にとゞまるが、海の空氣を吸ひ、貝を漁り、波に戯れ、海藻を集めさせたい。貝類だけとすれば、淡水産の色々の貝を教室内で飼育していつも其の行動を直觀させるようにしたいものである。

11、梅雨。雨降日記をつけさせるのも面白い。彼等は頻りに外遊がしたいので、連日の梅雨にいや氣を來すことであらう。此の心理をとらへて毎日雨、曇、風、晴等の符號を定めて表に書き入れさせるのである。其の間に農家の田植、種物、野菜の苗物の移植をするのであるからそれ等の事柄をも注意させるのである。梅の實は其の間に熟しねむの花は梅雨あがりに開く、季節に注意を向けることは此の程度の兒童には未だ早いのであるが、梅雨の間に變化する自然界の具體的な事項に注意させることは有効である

種々の雨具を材料にして直觀させることも非常に面白い。先づ兒童の雨具についてやりたいと思ふ仕事をさせる　繪に畫く者、製作するもの文章にかくもの、種々の作業活動を計畫してさせることが出來る　雨具の効用、使ひ方、雨具の種類、雨具を使ふのは人間だけ等の事項について說話することもよからう。

12、梅●桃●李●　兒童の好みさうな果物について其の名稱、形態の直觀、寫實製作をさせるがよい。　花から果實になるまでの經過を說話してきかせることも必要である。

兒童の中には理科的に觀察するだけでなく審美的に、文學的に鑑賞するものもあるだらうと思ふ。　私の敎へた兒童に次のやうな童謠を作つたものがあつた。

さくらんぼ
さくらんぼならんでた。
青いはつぱのかげに
赤いさくらんぼ五つ六つ
すずしそうにならんでた
さくらんぼならんでた

此の謠が生れる迄には自分が行つて見て來たのである。

13、すゞめ●　雀は兒童の親しむ小鳥である。　彼等は理科的には直觀しないが童謠

にはよく材料にとつて來る。

雀

頭の上でないた雀
上見たら
もうどつかへ行つちやつた

雀の巢

屋根裏の雀の巢
松の木の下で考へた
「親どりゐるかな
卵はあるかな
かはいゝひながないてるかな。」

かういふ様に謡にかく子供があつたらそれも一つの直觀態度であることを承知してゐて指導しなければならぬ。理科的觀察にも雀は豐富な内容があることゝ思ふ。雀の形態食物、巢等について觀察させるがよい。其の取扱の態度

に於いて特に注意すべきことは可愛らしい小鳥てふ精神の下に彼等の個性に應じた直觀をなさせる點である。

14 鳥の巣　人類に家があるやうに鳥には巣がある。巣は雛を養ふところで、親鳥のねぐらではない。自然が生物に敎へた大眞理が此の中に含まれてゐるのであるが、兒童には其の意味はわかるまい。たゞ鳥の巣の愛すべきことをよくわからせたい。都會の兒童には雀の巣か飼鳩の巣を見るより外によい材料を得られまいと思ふ。

15 綿の實の播種　繼續的に觀察させ自分の着てゐる着物は此の綿花からとつたものであることを知らせる。

16 せみ　せみは兒童の友達である保護色を工夫してとられまいとする蟬、とりもちと蜘蛛の糸で捕らへようとする子供、甲殼を着けて嚴しく上つて來る蟬の幼蟲等兒童の直觀興味の對照でないものはない。蟲の形態習性に關して一通り說話することも大切だが、又之を材料にして文學的方面へ發展せしむることも必要である。

せ　み
はだかんぼせみとる
ぢいぢいやかましいせみとる
あぶらぜみこぜみ
にげてはいけない
はだかでせみとる

といふやうな謡や、「私は蟬である」といふ擬人文も作られよう。

17、蚊帳と蚊とぼうふら　ぼうふらを飼育して蚊の發生を見るやうな飼育直觀も面白い。　蚊の驅除法も考へられよう。　蚊を防ぐ爲に人は種々の工夫をする。蚊帳蚊やり、蚊とり線香、石油播布。蟲めがねの使用法を教へて蚊の口中を觀察せしめる必要もあらう。

18、笹舟、船　實施して見た所によると非常によく發展する面白い題材である。　一同を川邊に引率して歌を謡ひ作ら笹舟を作つて川上から流し送る。　笹舟に花をつけて流したり、蟲を乘せたりする。　其の美しいやはらかな情景を忘れない

やうにして文章にかゝせる童話に綴らせるのもよい。

筏舟は何故浮ぶか、船は、汽船は、軍艦は何故浮ぶかといふ質問も出る。木片を組み合はせて船を作らせたり、ボール紙で汽船を作つてエナメルをぬつたりする。軍艦が出來上るとぢつとしてはをれないで進水式に迄發展する。

19 **夏と寒暖計**　寒暖計の効用と氣温を知らせる目的の教材であるから、毎日氣温を見て表に書き入れさせる。十日間程つゞけて朝晝の氣温を記入させるならば夏の氣温の高いこと、寒暖計の能を知ることが出來ようかと思ふ。當番に書き入れさせるのみで、此の題目の作業を終るやうでは効果を上げることが出來ない。是非一人々々が表にかき入れるやうにしたい。冬の寒い頃にも同様な作業をやらせるがよい。

20 **蠅と夏の衞生**　蠅の棲まない所はないであらう。殊勝にも手をもみあはせては居れど、其の手に幾萬とも知れぬ黴菌を保持して人畜に傳染病の媒介をするのである。蠅の習性について說話し、病は口より入ることの理をよく知らせねばならぬ。殊に休暇前のことであるから、夏休中の衞生事項をよく注意してや

らねばなるまい。

第二學年第二學期分

1、夏休後の整理　休暇中に出來た日記綴話、採集した押花、綴葉書、切手、ポスター、レッテル、製作品等が一年の時よりも更に多く集まることゝ思ふ。之等の蒐集物を整理して說明を加へ、展覽會を開かせるのがよい。旅行日記や感想文を相互に讀みあふやうにすれば國語としても好い作業である。

2、花壇の手入　休暇前に植ゑつけた綿、豆、朝顏、へちま等の手入をしたり、草とりもしなければならない。

3、二百十日　子供は風の子だといふが、大風が吹いても木の葉の飛んでも喜ぶものである。凡て直觀は科學的に取扱はれると共に文藝的な味合を知るのでなくてはならない。二百十日の暴風についても此の頃に每年暴風があつて我國に損害を與へるのだといふことを知らせると共に、暴風を直觀した時に起る緊張した飛び出したいやうな或は戰き恐れる情緖にふれることが大切なのであつて、この情緖は直觀なしには經驗し得るものでない。

かぜ

おうちをうごかして
竹やぶをみんなうごかして
お宮の森の方へ行つた風
どこへ行くか、かぜ
はつばがとんで行くに
僕も行きたい
かぜにのつて行きたい

4、朝顏　朝顏は先年も取扱つた材料であるが、花壇に栽培して此の頃では毎日幾輪さいたかを數へに行くことだらうと思ふ。本學年に於いては葉と蔓について特に理科的に說話し、又朝顏の謠を作らせることもよからう。

あさがほ

のぼれ朝顏竹の枝をのぼれ
一りんさいては又のぼれ

竹の枝はまだまだ長い
あしたは二りん
あさつては三りん
のぼれあさがほ、さいてはのぼれ

5、蟻と蜂　蜂も蟻も兒童の直觀材料としては甚だ興味の多いものである。人の勞働する所を靜かにながめてゐるのは大人にも興味あることであるが、兒童は大人の勞働してゐる所よりも此等の蟲の働きを見て興味どころか驚嘆してゐる。之の材料には徒らに脚や翅の數を數へるだけでなく、働きぶりを靜かにながめさせる所に眼目があるのである。其の外色々の取扱方もあらうと思ふ。

6、四方と磁石　方角に注意することは尋常二年では甚だ稀であるが、彼等の生活が一段と深さと内容を增す爲には是非四方の觀念と磁石の知識を提授しておかねばならぬ。あつちこつちといつてゐた兒童もこれから左右前後といふ語を使用させねばならぬ、東西南北の觀念も愈々彼等の生活の材料となるべき時期に迫つたのである。

四方を敎へるのは日の出入を基にするのもよいが、夏と冬とでは其の方向が異り、學校では日の出、日の入を見ることが出來ないから、正午の南中時を利用するのがよい。正午には自分の影は眞北をさし、太陽は眞南にある。四方の大體概念が出來たら方角板を作つて敎室の天井裏に貼つておかせるがよい。無論此等の作業は兒童の計畫を基にして進まねばならぬ。

7、秋の野原　秋の七草を採集させたらよい。ききやう、かるかや、おみなへし、のぎく等觀察材料が甚だ多い。前にも度々申しておいたやうに低學年の直觀は理科的分析的觀察のみを直觀としてゐるのでない。科學的直觀と共に、文藝的直觀を要求してゐるのである。何かの行爲に訴へなければ文藝鑑賞の材料を得られぬ兒童のことであるから、文藝的な直觀をなせる爲には作動に發展せしむるやう特に工夫して指導しなければならぬ。秋の草花にしても唯美しい花を見るだけでなしに襟にも添へ、花輪も作りまゝごとの材料にもさせて見なければならないのである。

8、秋の虫　幾度研究しても秋の虫は趣味の多い材料で兒童は非常に喜ぶのみな

らず、一年よりも二年の觀察は更に深い考察が加はる、一年の頃は飼育して茄や南瓜の花を與へるだけであるが、二年になると、理科的には音の出る所を觀察するやうになる。文藝的直觀へも發展し繪を描くだけでなく蟲になつた心持で生活を記錄するやうになる。私の教へ子の中にこほろぎの鳴方だといつて十幾種類の鳴方を校庭に出かけていつて集めて來たものもあり、スズムシとクツワムシの生活問答をかいた兒童もあつた。

9、雁、鴨、燕　兒童の直觀する範圍は燕がゐなくなつたこと、雁や鴨の鳴聲が朝夕聞えるやうになつた位であらう。かぎになり竿になりして渉つて行く夕方雁を見ては誰でも一種愁遠な感情に包まれるのであるが直觀のよい機會を得ることは多少困難かとも思ふ。標本等によつて候鳥の性質を說話しておく必要がある。

10、穀類と雜草　秋は五穀の實る時であるが同時に雜草も結實する。兒童の世界には實用作物と雜草とを區別する理由がない。唯自分に面白いと思ふ草花には非常な價値を發見してゐる。例へば士賊の如きである。麥よりも燕麥よりも

土賊の方が兒童にとつては大切な植物なのである。此の時に於いて穀物と雜草とを區別してよく知らせておくことは甚だ重要なことゝである。

稻、豆、きび、粟、稗、豆、そば、藷等の實用作物の結實した樣子を畑に引率して直觀させ雜草のわけを說話するがよい。

11、十・五・夜・　月見の日はお晝からお供へをするがよい。ボール紙を切り拔いて月形を作り星も黑板に貼つけて月見だんご、いも、すすき、粟等供へ兎の藷や月見の諾を敎へて其の日の月を觀察させるがよい。

月夜の小馬

ボックリポックリ私の小馬
今夜はお月夜
くるりつとした眼が光る
ポックリ〳〵私の小馬
今夜はお月夜
うしろにはかげうま

ポックポック私の小馬
今夜はお月夜
筑波山まで見える

12、柿と栗　秋の代表的果物として柿と栗とを直観させる。直観作業は兒童に自由に定めさせる。柿と栗の比較、柿と栗の直觀製作、栗太郎と柿太郎の童話創作等色々あるが、兎に角柿と栗を材料にして各自に研究させ、後發表させればよい。

13、秋の山　秋の山につれ出して木の實きのこ、紅葉の採集をさせ自然界の變化を直觀させるのである。理科的な觀察の指導も必要であるが秋の氣分をとらへ其の心持を發表創作に發展せしめるやうな作業をさせねばならぬ。又此の種の題材を取扱ふには教授者に目的を立てておかなければうやむやに終ることがあるから如何なる仕事をさせるか、どういふ内容を理解せしむるかについて具體的な計畫を立てゝおく必要がある。

14、卵　兒童の作つた話に。
たまご

たまごをわつたら
油の海に
お月様がういてゐた

といふのがある。白身を海といひ、黄身をお月さんと見立てた所に獨創の味がある。胚、白身、黄身、からざ、氣室等についての知識を授けることも必要であるが、その前に是非文藝的な直觀を奬勵したいと思ふ、然し卵だけではあまりに限定さたた内容であるから想像的内容は多く得られないかもしれない。故に諸を作ることを強いても効果がないと思ふ。卵が鳥になるといふことについては人間の力を以てしては說明し得ない不可思議が潜んでゐる。兒童は此の點について深く追求するものはないやうであるが、安價な一片の說明に終らないやうに心掛けたいと思ふ。

15 **空氣鐵砲と彈き鐵砲**　男兒にも女兒にもよろこぶ直觀材料である。此の種の材料は玩具について知識を授けようとするのでなく、製作した自分の玩具について實驗する順序でありたい。此の題目の第一の作業は製作である。空氣鐵

砲と彈き鐵砲の二種を製作させることは負擔が過重になるから組分けにして各自一個づゝ作らせた方がよい。製作が出來上つたら圖解させ、彈の飛ぶ理由を推知させるのである。文藝的直觀に得意な兒童は此の際文章的發表をするかもしれない。

16 **石ひろい** 校外に出て各種の小石を拾つて、それを直觀するのである。大人の眼から見れば一つの小石に何等の執着もないやうであるが、兒童の生活には特別な方面があるらしい。「此の石は大きくなりますか」。「井戸端の小石は毎夜母さんの所へ行きたいつて泣くんですか」といふ質問を私は受けたことがあるが成程兒童は物事に生命を附與する面白い心理をもつたものだと其の時思つた。小石は大きくなるものだとは兒童の一般に信じてゐることらしい。又人造石と、自然石の區別は仲々出來ないものである。セメントのかけらや瓦の屑が小石の間にまじつてゐると自然石だと思ふのである。小石を多く拾ひ集めて色々に分類させることは甚だ面白いと思ふ。

17 **麥まき** 藷を掘つた後へ麥まきをさせる。大麥小麥裸麥の三種は是非播種し

なければならぬ。蠶豆と豌豆も別な畠に播種させておくがよい。

18、シーソー　シーソーは兒童の喜ぶ運動用具である。幾種もの形式があるが、兩端均勢の重さであれば面白く使用出來ることを知らせるのである。

19、マッチとローソク　マッチをすれば發火することも、ローソクの燃えることも共に不思議なことである。此の教材では實驗によつて其の使ひ方を知らしめるが第一の主眼で、失火しないやうに日頃注意させねばならぬ、又ローソクのどこが、燃えるかを知らない爲に子供等は蠟をたらして面白がつてゐるがこういふ遊戲の無益なことも了解させねばならない。

20、寒暖計　十二月中頃から氣温の變化を方眼紙に書入れさせ夏の氣温と比較させる。氣温は毎日同じ時刻に測るのでなくては比較にならない。

第二學年第三學期直觀材料

1、「たこ」と風車　男兒には「たこ」女兒には風車を作らせて、それを使用して遊ばせる。一年よりも二年、二年よりも三年とだんだん巧妙なものが出來ねばならぬ。使用した後では製作物について反省させる方がよい。彼等は家庭でも此の種の

製作も遊びもするであらうけれども、自然の遊びの時には此の反省考察する機會が少い。教師の指導は即ち此の點に加へられるのである。

2、炭、タドン、石炭、煉炭　どこにあるかどうして出來たものか何に使用するか等の事項について兒童の知識を明確ならしめるのである。その使用法については次の題目に關連して取扱はなければなるまい。

3、七輪、火鉢、ストーブ、ガス　空氣の流通をよくしなければ炭や石炭はよく燃燒しないこと、火器の構造及使用法を心得させるのである。兒童の直觀生活は之等の實用的知識のみに向ふのでなく之等の材料についても文藝活動に進む場合がある。科學的實用的な部面の外に藝術的超實用的な部面があるといふことは人の自然である。

4、常綠樹と落葉樹　木の名稱を授けるだけが目的でない。校庭を巡視して常綠樹と落葉樹とを區別して觀察することである。落葉木の葉は落ちても枯れたのではないことを知らせる。

すつぽんぼうずの木

すつぽんぼうずのすずかけは
すつぽんぼうずのぼくより高い
すつぽんぼうずのやなぎは
すつぽんぼうずのすずかけより高い
すつぽんぼうずのいてうは
すつぽんぼうずのやなぎより高い
すつぽんぼうずのポプラは
すつぽんぼうずのいてうより高い
すつぽんぼうずのお日さんは
すつぽんぼうずのポプラより高い

こんな歌なんかも子供達の作つたものである。又好んで繪に書き、ボール紙で製作する。

5、**ワニス**　松脂をアルコールで溶かしてボール紙の製作品に塗らせる。兒童の非常に喜ぶ塗料で殊にワニスを自分で製作して塗るといふ作業に誇と興味を

有つものである。此の作り方を一度敎へておけば紙細工を多くする低學年の手工製作に異彩を加へるものである。

6、からだ　身長體重、身體各部の長さ、名稱、各種感覺器關の構造と衞生、淸潔、姿勢等兒童に授けねばならぬ事項、趣味の多い學習事項が甚だ多い。私はからだの直觀だけを四日許つゞけてやらせたが大部分の兒童はそれでも興味が盡きなかつた。其れを學んだ後は姿勢や爪をきること。體を淸潔にすべきこと等に敏感になつて忘れてゐてもちよつと注意すればすぐ正しくするといふやうになつた。

7、鹽と砂糖　此の兩者を混同するやうな兒童もないがどうして作るかといふことになると殆んど知らない。鹽は海から取る。砂糖は甘蔗から製出する位のことは二年の兒童でも知らなくてはならぬ事項である。

8、毛糸と綿　毛糸とか綿とかいふ題目は兒童の注意に多く上らない題材であるが、一度題目としてとつて見ると、又仲々興味を持て直觀するものである。切屑を色々集めて來て其の原料は毛糸か綿か調査したり、羊毛と綿を紡いで長い糸

を作り出して見る如きは興味のつきない作業である。而し乍ら言葉のみで一口に教へ込まうとすれば興味の對照にもならず、得ることとなしに終つてしまふ。

9、おひな樣　ひな壇は大概の家庭で飾ることであるから別に珍しくもないので、私は先づ雛壇を製作することにした。親王樣内裏樣隋臣等は折紙で造り三人官女はメリンスの屑切を用ひ五人囃は色紙で切抜にした。御殿と壇は木にボール紙を打ちつけ、ボンボリ、左近櫻右近橘、花咲爺、菱餅等は枝、紙、布、粘土等の材料を集めて製作した。所要時間は十八時間位であつた。

製作が出來上つた日は雛祭をして遊んだのであるが、兒童は思ひがけなくよく出來たので「先生買つたのよりも自分達の作つたのはたのしみですね」と本心の叫をもらした。

10、私の村(町)　郷土の地理を知らせるものであるが、非常に有益で興味を有つ題材である。私は砂箱に地圖を描き、山川目ぼしい樹木道路等を毛糸、糸其他色々の材料で表はせた。又繪葉書を集めて説明をしてきかせたり、電車軌道を作つて、兒童自作の電車を運轉させたり電車ごつこをさせたりした。

(二)讀書指導

(1) 讀・書・の・任・務・　讀書といへば低學年の讀方教育のことだらうと思はれるかもしれないが、茲にいふ讀書指導は讀方教育ではない。　讀方教育については後に學級經營に於いて述べる積であるが、今日の讀方教育は僅か一ヶ年二冊の教科書によつて讀書力、讀書趣味、言語及文字力、發音矯正、發表力、朗讀默讀の訓練、文學鑑賞力、國民的思想感情等と過重の負擔をもたせてゐて、何れも不徹底に終つてゐる。　讀書指導は其の中の讀書趣味と讀書力を進めることに第一をおくのである。　低學年の兒童は未だ知識利用の必要を感じて參考書を讀むことは少い。　又其の必要に應ずる様な讀物が少いのであるが、趣味の爲に讀むことは中々盛んである。　彼等は身體の滋養として食物をとるやうに幼い頃から精神の糧として童話や童謠を聞いたり讀んだりしなければならない。　此の自然の要求に應ずるものは今日の讀方教育ではなくて彼等の自由な讀書生活である。　即ち讀書指導の任務は兒童の自然の要求なる自由讀書を指導して其の讀みの速度を早め、內容の全き讀解力を養ひ、讀書趣味を高めるのである。

(2) 讀書指導の方法

1 文庫のない學級の讀書指導

讀書の指導に文庫は是非必要であるが、色々の事情で文庫を作れない場合がある。そういふ場合に讀書を指導するには兒童相互に自己の經驗や、童話を話しあつてから繪話に描き表はし本を作つてそれを讀みあふやうにすることは非常に有益である。第一兒童の文字力、發表力、描寫力を高める。そして讀書力を進める効がある。又短い話を集めた讀物を求め其の製本をこはして一題づゝホッチキスで綴り、之を交換して貸與してもよい。

2 自由讀書にかぎる

低學年の讀書指導の最も有効な方法は自由讀書である。最も面白そうな讀物を勝手に文庫から選ばせて自由に讀ませるがよい。初歩の指導として

先づ一度讀んできかせることもよい。耳よりの話には却つて興味をもつものである。一年の二學期頃から自由讀書の時間を定めて文庫で自由に讀書させたいものである。

3、讀書帳　讀書指導には罫なしの讀書帳を各自に持たせておいて讀んだ題と内容の要點をかく習慣をつける必要がある。文庫で讀みとつた内容の大體を書くことは一年の間は少しむづかしいから簡單な繪話で筋だけをかゝせるのもよい。內容に對する批判を要求するといふ人もあるがそれは低學年では出來ることでない。

4、速さと確かさ　學級擔任は少くとも毎年二回位は讀書力の調査をして讀書の速さ確かさ、及個人の讀書典型を知つてゐなければならない。私は毎年三回宛讀書力の調査をやつてゐるが、それによると、讀みの速いもの必ずしも成績のよいともいへない。速さは非常な差異があるもので最も速い兒童の二分で讀む文を二十三分も要する兒童がある。又讀みの確度にも個人性があつて三度讀みかへして讀把力五點のものと、一度で九點のものがある。低學年の讀書指導

は自分の速さで鑑賞し乍ら讀ませるがよい。速さよりも確かさを第一とする。速度は毎日の自然の練習の間に自ら上達するものであるから急がせる必要はない。指名して讀ませたところがつかへてすらすら讀めない爲に兒童を叱つてゐる教師を度々見るが、あれは自分の教育法を叱るべきを誤つて兒童を叱つてゐるのである。

5、**音讀か默讀か**　記憶典型か視覺型に屬する兒童は默讀が自然に出來るが、聽覺型の者は自然に音讀する。大體低學年の兒童は文字を言語化するに努力を要するので音讀する。他人の邪魔にならぬかぎり音讀はさしつかへない。

6 **讀書の態度**　讀書指導には眼の衛生に特に注意して姿勢、採光、文字の大きさ等に手落のないやうにせねばならぬ。又文庫の書籍の搜し方、引出方、始末の仕方、頁のまくり方等に至るまで個人についても直してやらねばならない。

(三)**兒童讀み物の選擇**　學級文庫の經營については後にのべるつもりであるが、こゝには選擇標準を揚げよう。

第一**趣味本位たるべきこと**　讀物で理科的知識を養ひたいなどゝ考へるのは少

ぐとも小學校ではよろしくない。　內容は全く趣味本位でよい。　童話、童謠、スケッチ、自由詩、笑話、戯曲、短篇小說冒險談等何れもよい。　全然趣味讀物でありたい。　內容のみならず裝幀、口繪、印刷、挿繪、用紙等も氣持のよいものをとるがよい。

第二程度を易しくすること　讀書指導に於いて漢字や語句を多く學ばせようとしなくてもよい。　程度のやさしい讀物を多く讀ませる中に習得する。　然し送假名や假名遣等を滅茶々々にして「私ワ」「イマス」等と書いたのはよろしくない。

第三上品、喜悅、元氣なるものを選ぶこと　兒童本位のものは上品で元氣な事を特色としなければならぬ。　近頃の讀み物に「小鳥オマヘナゼナクノ、母チャンドコカヘイッタノカ」等と感傷的に書くのが多いが、此の種の讀物は不可である。

第四文字の大きさ　活字は最低限四號にしてルビ附四號はよろしくない。　我國の學生生徒の近視眼は恐ろしい急で增加しつゝあるが其の第一の原因は讀物がわるいのである。

（三）敎生活の指導

昔から算術は興味のないむづかしいものとされてゐた。殊に幼い子供は算術を最も嫌いな學科にしてゐた。しかし兒童の實際生活を見ると遊戲をするにも、作業をするにも數に關することを好んでやつてゐる。石垣は數へて上り、おはじき、お手玉、球つき等數に關係した遊びをしてゐる。然るに算術が嫌いといふのは明かに算術の教へ方が間違つてゐたのである。現在課してゐるやうな數字の計算は彼等の生活を以ては解釋が出來ないので興味がないばかりでなく過重な負擔となるのである。左に數生活指導の要點をのべよう。

第一低學年においては數量生活の興味を養ふこと。

兒童は自然の生活の間にも數に關する生活をしてゐるのであるから、此の數量生活を發展させ、數に對する興味を養ふことが數生活指導の第一任務である。興味を養ふ方法は自然の數量生活を見てもわかるやうに遊戲や實生活に結合して取扱ひ教材の系統にとらはれたり、算術の時間のみに數字とノートで指導するといつたやうな方法をとらないのがよい。賣屋ごつこ、電車ごつこ、銀行ごつこ、製作

作業等は數量生活を指導する機會が甚だ多い。

第二低學年においては數概念を明瞭に養はねばならぬ。

數概念の發達については、教授上直觀主義と數へ主義との論爭が絶えないのであるが、數概念の初歩は二つの事物の群を比べて「多い」「少い」といふ漠然とした概念である。それが第二段の數概念に發達すれば「幾つ多い」「幾つ少い」といふことになる。第三段に進めば事物から抽象した數について「多い少い」の程度を比較することが出來るやうになる。

然し算術教授に於いて誤られ易いのは一つ二つと口で唱へることが出來るやうになれば、最早數概念が出來たかの如く考へて困難な計算をさせることである、數詞の暗誦は數の名を順序よく暗記しただけであるから、やつと口唱出來る位では計算を課せられたりすれば數詞の順序を忘れて、しどろもどろになつてしまふ。形式的な計算はそんなに急を要することではないのである。

又「指などを使はずに早く勘定が出來るやうに」とは從來やかましく唱へられた

ものであるが、之も數概念の確立に害があつた。そして算術をきらひにした。抽象數を計算することは兒童にとつて左程ねうちのあることでなく大切なことでもない。又早く實物からはなれて指もつかはないで計算が出來るやうになつたといふことは算術の力を高めたわけでない。却つて劣等兒を多くつくることになる。そして計算器や指や小石や尺度等を長く使用させる程確かな數概念を確立することになるのである。即ち數概念を確立しようとするならば出來るだけ多く實物勘定數量生活をさせねばならぬのである。

第三に低學年の數量生活の指導には四則の意味を體驗によつて了知させる計畫がなければならぬ

一つの問題に行きあつた時、加減、乘除のどの方法を適用したらよいかといふことを實地の經驗によつて了知させる方案を立てゝおかねばならぬ。今迄の算術教授には殆んど此の計畫がなかつた。それが劣等兒を造ることゝなり、算術をきらひにさせたのである。算術の困難なところは要するに此の加減乘除の四則に

よつて總ての數關係を處置する點であるから、此の要領を應用自在ならしめるのである。低學年に於いては說明を以て理解させるのではない體驗によつて知らせるのである。又大きな數を使用する必要は毫もない。體驗によつて四則の意味を了知せしめるには兒童の生活中心に數を扱はなければならぬのである。

第四は數生活の全般を指導することである

從來の算術は數を計算するだけであつたから興味をもたうとしても興味の出るところがなかつた。殊に低學年の材料は單調で彼等の生活に殆んど交渉がなかつた。然るに兒童の數生活の材料は甚だ多い。節句のだんごの數、花瓣の數年齡、みかんのこ、玩具の値段、雨天のまはり工合、幅飛の比較、體重と辨當の重さ、通學距離と時間、身長と指の長さの比例製作作業かういふ各方面の材料を數生活の內容に持來すことが大切である。又半分とか三つ一とかいふ分數の初步、具四角、正三角、圓、立方體等を取扱つて空間觀念を養ふことも彼等の數生活の趣味を養ふ所以である。

第五には數によつて共同生活を指導すること。

兒童の自然にやつてゐる數生活を見ると數を共同生活の材料に使つてゐることが多い。點取遊戲を見ても、賣屋ごつこや、砂糖屋ごつこを見てもそれを知ることが出來るのであるが、此の數を共同で經驗するといふことは數生活の發展に非常に効果のあるものである。然るに從來の敎師は兒童の此の力をすこしも利用しようとはしなかつた。

要するにいい低學年の數生活の指導は兒童の生活本位でなくてはならぬ。敎材の論理的系統も多少は考へねばならぬけれども、敎材の形式的順序によつて兒童の生活を束縛するには甚だよろしくない。又、無名數の計算法のみを授けて應用問題等を課して、それで算術を指導したやうに思つてゐるのは非常な誤である。

兒童の生活には遊戲、製作、學習が主なる方法であるが、數生活の指導が彼等の實生活を中心としなければならないといふ原理が確立した上は、前記の如き數生活の要領を以て遊戲、製作、學習の生活を指導して低學年敎育の目的を達しなければならぬのである。其の實際方法については學級經營に於いてのべることゝする。

第四章　低學年敎育法の形態

一　敎育法の形態

どんな組織の下にどんな形で敎育するかといふ研究が敎育法形態の研究である。一人一人を引き出して敎へる個別敎育法をとるか、團體を一齊に指揮する劃一敎育法によるか、生徒の中の特に優れた數人を助敎生に選んで他の多くの兒童を敎育する助敎法（ベル、ランカスター法）にするか等の研究は其の一つの問題である。又時間割と、敎育の場所を固定して兒童の活動の內容、活動の方法まで敎師が定めるか、時間だけ制限して其の他は各兒の自由活動にまかせるか、場所と時間だけは制限して其の他は兒童の自由に一任するか、仕事の目的と材料と場所を定めて其の他は各自の性能に從つて自由ならしめるかといふ自由の立場から見た問題も敎育法の形態研究の一面である。又敎科目に從つて分科的敎育をするか、敎科目の內容を統合して所謂合科敎育をするか、全然立場をかへて兒童自然の目的活動を中心に、敎授訓練養護を打つて一丸とした所謂全體敎育を實施するかとい

ふことも教育法形態の重要な研究問題である。

高峯に登る道は幾筋もあるやうに教育の目的とする善良強健有爲なる日本國民を教養しようといふ點は同じであつても、之をめざして登る教育の方法は一筋ではない。それを劃一的に定めておかうとすることは已に無理なことで、教師により、土地の事情により、兒童の狀態によつてそれぞれ工夫した方法がなければならぬ。之が學級經營の重要な問題であつて學級擔任は教育學の示す原理と兒童心理學生理學等の研究に基いて教育方法を組織しなければならないのである。

二　分科以前の教育

低學年教育は家庭生活から學校生活に移る過渡期の教育であるともいへる。此の過渡期に於いて最も恐るべき變動が二つある。一つは生活の激職な變化の爲に身心の發育に異常を來すことである。これは毎月身體檢査の結果について調査して見ればわかることであつて、何れの學校に於いても之は是非調査しておかなければならないのである。

今一つ生活が著しく形式的になつて魂を打ちこんだ生活をしなくなることである。これは從來の學校が入學前の兒童の目的活動を繼承しなかつたからで、彼等の入學前の生活は不規則ではあつたけれども興味にのつて徹底的に目的活動を遂行した。然るに學校に入つては算術といひ讀方といひ一つも彼等の目的活動になるものはない。すこし興味が出ても之を引つゞいてやることは許されない。然も學校でやることは書物から演繹的にすることとであつて、兒童の實際生活には交渉するところのないものばかり。そこで彼等の學校生活は形式的になる。學校で修身の話をきいても聞くだけであつて家庭生活に交渉がない。學校で勉强するといつても一時間だけのことでしかも自分の目的としての勉强ではなく、時間割の爲の勉强になる。かうして學校生活が形式的に事務的になつてしまふのである。

かういふ困つた結果になるのでは家庭から學校への過渡期の教育をしたことにはならない。先にもいつた通りこれは從來の教授組織がわるいのである。從來の低學年の教育の形態は高學年のものと大差ないのみならず、中等學校專門學

校の教育の形と同じで四十分乃至五十分の授業時間に日課表をつけて一定の知識を細目の示したところによつて授けて行く爲に形式的事務的になるのである。

兒童の生活にはまだ算術とか、讀方とかいふ分科がない。唯あるのは具體的な「まゝごと」とか、「水車」とかいふ目的活動の題目である。即ち低學年に於いては此の具體的の目的活動を遂行させて、彼等の意欲を價値化し彼等の創始欲、求知藝術欲、道德欲、宗教心の滿足するやうな教育の方法をとるのである。それには教材の論理的系統とか、順序とかいふものにとらはれてはいけない。兒童の目的活動の爲には之を犧牲にする位でなくてはならない。要するに分科以前の教育に於いては科目的の教育をするのでなく目的活動中心の方法生活教育の方法をとるのである。

入學前の教育は多くの場合無計畫な家庭教育であつた。彼等は自己の注意をひくものについて活動し、自己の求知欲に從つて幾回でも觀察し自然の順應活動によつて技能を習得してゐた。そこで低學年の分科以前の教育に於いては之を繼承して計畫的にして、しかも教材にとらはれず、兒童生活中心の教育方法とし、中

高學年に進むに至つて系統的指導に入らうとするのである。即ち

(家庭教育)	(低學年教育)	(中高學年の教育)
無計畫	計畫的	計畫的
無計統的	生活的	系統的

といふことになる。

三　教授組織、學習組織、生活教育組織

低學年教育の形態を研究するに最も重要なる着眼は、如何にして兒童を自然の生活樣式に從つて教育しようかといふことである。それから教育の組織を立案し、實施の手續をとるのであるが、私は先づ從來の教授組織及び學習主義・自學主義の學習組織を述べて後、私の主張する低學年教育の生活組織は之等と立脚點がどう違ふかを明かにしよう。

(一) 教授組織

教授組織とは教科目、教科課程、教材、教授細目、日課表、教授日案、等從來の知能陶冶の爲に立てられた指導方法の組織である。其の特色は教師が先づ教材を選擇し、教材を咀嚼しておいて方法的單元や教授段階を定めて、其れを教へ込むのである。目的が達せられたか否かは其の方法的單元が兒童にどれ程理解習得されたかによつて判定されるので、一貫して主知主義であり、傳達主義であり、教師本位であり、畫一的である。教師本位といふのは計畫も活動も其の實行も教師が中心になつて、兒童を指揮するといふ意味である。然るに教師が如何にいひ含めたところで、それを理解するのは兒童であるから彼等の自力構造によらなければ教師の目的を達することが出來ないのである。然るに兒童は自分の勉强であり乍ら教師の手傳をするやうな事務をとつてゐるやうな態度になり易いので、教師は興味化する工夫をしたり、試驗を以て脅して復習を多くさせたりしなければならなかつた。ところが認識作用は自力構成の働で、注入受容では成りたゝないといふ見解が盛んになつて、教授組織はその教授段階に大なる攻擊をうけ其の搦手から切崩された。そして一方には學習組織の建設がやかましくなつて來たのである

（二）學習組織

學習組織とは敎へるのでなく、敎へる材料を用意しておいて學ばせようとする知育方法である　個別學習、相互學習、學習指導書、學習手引、學習環境等の問題になつて今日發達の途中にある。ヘレンパーカスト女史が遙々アメリカから宣傳に來られた彼のダルトンプランや、最近注目されるやうになつたウィネチカシステム等は可成り組織立てられた學習組織の例である。豫備、提示、概括、應用等と敎授段階を踏んでゐた從來の敎授組織が今や學習指導書の研究、學習態度の建設の研究となり、學習の順序を定めてそれに從つて自習させたり、相互敎育をさせたり、又は個性指導を加味したりする人も多いようである。學習組織の特徴は自力構成、自力解決の原理に立つことである。解釋して敎へてもそれは彼等の力となるものではない。解釋に苦しみ乍ら活動するその過程に尊いものがある。自ら苦しみ、自ら解決に工夫をこらして尚理會し得ない所は敎師が之を補助する。自力で解決したものは敎師が檢閲して次の問題に移らせるといふやり方である。從つて其の進度と、學習様式には個性を考慮し、其の自由は彼等の爲に解放されるのであ

るが、敎授組織が主知主義の批難をうけた以上に學習組織は其の批難をうけねばならぬ。そして勞作から遠ざかつた學習學校の弊害を多く豫想しなければならない。又學習材料の範圍は敎授組織に於けるよりも狹く僅かの能力の差によつて敎材の進度に格段のちがひが出來て相互學習等が行はれたとしても元來が個別活動であるから有機的團體生活の指導に缺陷を來すのである。

(三) 生活敎育組織

扨て敎授組織から學習組織への變住は現今敎育法の趨勢であるが、此の傾向は依然として學校敎育を知育偏重から救濟するものでない。又彼等の日常生活から生れて來る科學的、道德的、藝術的、實際生活的な重要な生きた問題に觸れて來ない。知識としての道德、科學藝術は授けられるかも知れないが、生活の敎育が出來ない。そこに於いて學校敎育は社會化、生活化しなければいけない。學校に籠城するのでなく社會化し兒童の實際生活に大いに交渉を求めねばならないといふ運動が起つて來たのである。

傳統の知識技能を授けることも大切ではあるが低學年の兒童には彼等の生活

を犧牲にしても其の傳統の文化を傳達する程に急がなければならぬわけはない。又兒童の發達には各時代各學年に應じたはちきれそうな生活經驗を必要とするもので、低學年にはそれに應じた生活を多くしなければ次の學年の確かな基は出來ないのである。傳統の文化を授けることも大切であるが此の基が出來ない中はそれを消化する力がない。そこで彼等の目的活動中心の敎育法、兒童の生活本位の敎育法をしようとして生れたのが生活敎育組織である。生活本位の敎育は彼等の自然の生活樣式を敎師が見準つて敎育しようとするので、敎材を傳授しようとすることを唯一の目的として組織立てられたものでなく、彼等を兒童本來の生活樣式に於て生活せしめ、利用すべき敎材は其の生活の爲に活用し一歩より一歩へと兒童生活を充實し發展せしめようとするのである。節を改めて叙べよう。

四　生活敎育の組織

(一) 特色

生活組織の敎育は屢〻繰返したやうに第一敎育の材料を擔任兒童の實際生活に

求め、第二兒童を自然の生活樣式に於いて教育しようとするものであつて、第三章低學年生活指導の原理に基いて立案せられた教育組織である。彼等の遊戯、製作、童話、童謠、發表、質疑の內容や、彼等の身邊を取りまき常に其の生活の材料となるところの直觀事項、鄉土事項、言語、文章、勘定等は其の材料であり、(一)學習、(二)生產發表、(三)遊戯の三つは兒童の自然の生活樣式の中特に顯著な生活法であるから其の材料と生活樣式に準つて教育しようとする方法である。

(二)生活教育の三樣式

1、學習法　直觀、聞方、讀書、質問、試行、錯誤、模倣等は兒童の自然の習得生活の樣式で、此の要領によつて低學年兒童を教育しようとするのが學習樣式である。學習材料は既にのべたやうに兒童生活の全範圍に亘り智力の開發のみならず、美的、宗教的、道德的陶冶を企圖し生產發表活動の基礎となり、遊戯生活の發展の源ともなるのである。

學習樣式の要領は已に第三章生活指導原理の第四節に於いてのべた所である

が、鮮明なる印象、明確なる理解、自由なる發表、の三點を常に念頭におかねばならぬ。それが爲には(一)動機化すること、(二)筋肉的經驗によらしめること、(三)豊富なる觀念聯合を行はせること、(四)實際生活に緊密なる交渉を求め殊に共同生活の効果を利用することの要領に從ふのである。

學習樣式では如何程徹底したか、誤なく習得したかを考査し吟味する必要がある。勿論其の方法は兒童の生活に現はれた所で見るのであつて、筆記試驗を課したりするのではない。而して學習事項は出來るだけ簡決確實にしてそれに關係ある生活事項を廣く求め、基礎的事項は反復習熟せしめる機會を作るのである。

2、生產、發表法

製作、描寫、飼育栽培、作文、話方等は兒童の自然生活に行はれる生產發表の活動で、其の内容は學習活動から來たものと、彼等の創作意識から生れたものとある、此の種の生活では前に叙べた樣に何を創り出すか第一に目的と計畫が判然してゐなければならない。目的と計畫が判然としてゐない場合には再び學習、直觀、讀書、說話等を繰り返させる位にしなければ到底その達成は望まれないのである。

計畫は個人作業にするか、團體作業にするか、仕事の順序、材料方法はどうするか等努めて精密なるを要する。殊に共同作業の場合には各人の分擔する範圍を明瞭にして全體との連絡をよくしなければならない。

生產活動に於いて最も重要な訓練は「仕上るまで努力する」ことゝ「最後の仕上」といふ二點である。意志薄弱な兒童は途中で其の仕事を中止し、鑑賞眼の低級な間は「最後の仕上」をしないものである。生活敎育の方法に於いて若し此の要領を失したならば何等の效果を納めることは出來ない。

又仕事の範圍を兒童の發達程度に應ずるやう加減してやらなければ作業の進程に非常な違が出來て時には一つの作業に三週間かゝるやうなことがある。兒童の創作にそんなに長くかゝるといふことは不自然なことで程度にあはない仕事をさせてゐるのである。又仕事の遲い兒童は概して精神發達がおくれてゐるのであるから仕事の範圍を小さくしてやるがよい。學級の進程を大體揃へるには個人の能力に應じて仕事の分量を加減してバランスを取る方法が私の經驗では最もよいやうである。題目每に學級進度の區切をつけなかつたならば個人個人

によつて非常な差が出來て共存體としての學級活動をする機會がなくなり、教師の能率を損することが多い。

右のやうな要領によつて學級進程を揃へて、出來上つたならば兒童の社會文化として之を展覧し相互に批評するのでなくてはならぬ。此の際に與へる教師の賞賛は非常に効果があるが、缺點をとらへて批難したり叱責したりするのは低學年では害があつても利益はない。出來上つたものについて言ふべき忠告は作業の途中に於いてなさるべきものである。

3 遊戯法

遊戯の様式は兒童を遊戯の生活様式に於いて低學年教育の目的を達しようといふ一方法なのである。從つて其のモットウは「上手に遊べ」といふのである。「しつかりきけとかよくおぼえよ」とかいふのではない。

遊戯様式による教育法の特徴は

第一、全自我の全努力を傾注する純真なる自己活動の陶冶が出來ることである

これは遊戯生活の特色であつて純眞なる自己活動は藝術的、科學的、道德的、宗教的

生活の姿であり、兒童に自然に備はつた生活態度である。之をあらぬ方向へ歪めることなく伸すのは遊戯道によらなければならぬのである。

第二、此の方法はよい遊戯を好み、わるい遊戯を好まないやうに導くことを目的としてゐるのであるがこれは彼等の生活のよくなつたことを意味するもので、大人でいへば品性の高上である。兒童は遊戯を指導されることによつて學校のみならず家庭社會に於ける生活がよくなるわけである。

第三、「上手に遊べ」といふことには色々の意味があるが、仲間の中に不平を訴へるものが出來ないやうに、全體が面白く活動し、よい遊びをするようにといふ要求であるから彼等は團體的協調を工夫し、彼我の人格を尊重し遊びの善惡を考へるやうになつて社會的道徳的陶冶を行ふことが出來る。

第四は兒童は遊戯によつてかしこくなるのである。

これは今更説明するまでもなく先人の明かにした所で、感覺、想像、悟性の生きた陶冶は遊戯にまつ所が甚だ多いのである。

第五は遊戯の體育的價値も説明するまでもなく甚だ多い。遊戯にふけると無節

制、放縱になり、身體を害することさへあるといふのは指導しない場合のことであつて、殊に身體を損ふ程遊戯に耽ることは幼少な兒童には全くないといへる。第六は遊戯的方法によつてこそはじめて家庭生活から學校生活に入る過渡期の教育が出來る。之は自然の生活樣式であるからで、初學年に於いて心配されてゐた精神的、身體的の急劇なる變調を減殺することが出來るのである。

以上は遊戯的樣式の特徴を述べたのであるが、遊戯的方法を實施する上には此れ等の點に配慮しなければならないのである。

遊戯生活の內容は兒童の生活から自然に生れるものもあり、學習の目的を達する爲に特に教師の工夫する場合もある。今種々遊戯を運動を多く伴ふか否かによつて運動的遊戯と精神的遊戯との二つに分けると前者は多く屋外にて行はれ、疾走、飛躍、競爭等の身體運動をなし、後者は感覺的遊戯、模倣的遊戯、想像的遊戯、悟性的遊戯等となる。

遊戯的方法の要領　遊戯の特色は興味あり愉快なること、自由なることとである。自由は放縱ではないから遊戯の規約を守らねばならないことはいふ迄もない。

そこで遊戲的方法によつて指導する場合には教師は兒童の自然の遊戲を研究しその興味の中心と其の自然の遊び方とを理解し、若し惡い部分があるなら、興味の中心と自然生活の樣式とを破壞しないやう注意して改めねばならぬ　遊戲の組織に不完全なところがあれば、誰かゞ苦情を申出し不平を訴へ出るから遊戲の後には相談會を開いて其の組織の缺陷を發見して相談の上改造するがよい。　それからは申合せの條項を重んじて遊戲をするのである。　眞の自由の天地はかうして生れてくる。

(三)生活教育の實際的手續

1、生活教場　知識注入の爲に工夫せられた從來の教室だけでは低學年教育に不適當なことはいふ迄もない。　鉛筆、ノート無味乾燥な教科書、黑板、机等は本當の意味に於いて彼等の生活の相手となる材料ではない。　寧ろ程度にあはない知識生活を强いる用具である。　其の上一尺四方位の木椅子から立つて出ることとすらも許されない有樣では全然足をしばられた猿のやうなものである。

低學年の教室は生活教場にしなければならない。　先づ第一に必要なのは戸外

の遊戯教場である。その遊戯の間に数生活、作業生活、體育生活、文學生活、觀察研究、良習慣の養成が出來るやうな設備をするのである。低學年には廣大な運動場よりも教室の三四倍位の自然の姿を寫した生活場を必要とするのである。

屋内の教場は學習生活、作業生活の場所として靜粛におちついて創作し、研究し製作するするやうに設備するのである。

2、具體的な生活題目　低學年の兒童の生活には算術、讀方、修身等と記載した日課表は寧ろない方がよい。教師の胸の中には教授要項はしつかりと入つてゐる筈であるからあつてもなくても同様である。そして低學年教育は抽象的なしかも彼等が考へても自分の生活に交渉をもたないやうな題目でしばりつけることもよろしくない。直觀、遊戯、作業、道徳科、美術科といふ名題も彼等の生活に必要のない言葉である。

兒童の生活にとつて必要なのは「トンネル」「おにごつこ」「花つみ」などといふ極く具體的な生活の題目であつて低學年の教師は彼等の生活からそういふ生活題目と材料を求めそれを導いて教育するのである。入學の當初は兒童の要求がどこ

にあるのか、彼等の日常生活にどんなことをやつてゐたのか調査するのに中々工夫を要する家庭や幼稚園に就いて調べたり、遊戯場に於ける要求や行動を觀察したりするのであるが、一年の終頃になると要求することを多く申出るやうになるし教師も手心がわかつて來るので生活教育がやりやすくなるものである。

3、指導法の立案　具體的な生活題目を決定したならば其の題目の下に行はるべき生活指導の計畫を立案しなければならぬ。どういふふうに兒童の活動は發展するだらうかといふ豫想と、學習樣式、生產發表樣式、遊戯樣式の三方法の要領を如何に活用するかを考慮するのである。例へば「汽車ごつこ」といふ題目が決定したら、學習―作業―遊戯といふ順序に指導しようか遊戯―學習―作業にしようか、又は遊戯だけにとめようかと思案する。普通には先づ停車場に出かけて「汽車」「停車場」・「レール」・「驛員」「乘降客」「出札」等を實地に觀察させ、玆に學習樣式を適用する。次に兒童はどんなふうに「汽車ごつこ」をするかを見てそれにならつて遊びの組織を立てゝ、必要な用具を製作させ愈〻遊びに取かゝるのである。指導案を計畫する場合には國民教育の精神を忘れてはならぬ。小學校令施行規則、四號表及教科書の

意のあるところを汲んで遺漏のないやうにして行かねばならぬ。しかし其の爲に兒童の生活を殺すのでなく兒童の生活を之等によつて價値づけるのである。一題目は一時限で仕上るものもあり、一日或は數日を要するものもある。讀書やお話ごつこの如きは發展しなければ一時間で終り、おたまじやくしや朝顏等は三四ケ月も繼續的に觀察しなければならぬ。又「桃太郎」の如きは一週間も一題目で繼續する。

そこで題目配當の順序も大體豫定がなくてはならぬ。題目の大小、期節の關係、練習効果、兒童の興味の情況、疲勞等の條件を考慮して三日又は一週間を一句切にして題目配當案を立てゝる。一ケ月を見通ししなければならない場合もあるが、大體一週間を一句切にするがよい。

題目配當案は生活教育の一大特色で、從來の時間割と教授日案と、兒童の生活とを打つて一丸としたやうな案である。形式的事務的であつた日常の教授は兒童生活中心の活氣を現すのである。新しがりの着實な研究をしない教師が低學年の新教育に失敗するのは殆んど此の週を一句切とする生活題目の配當案を眞面

日に立案しないからである。

週單位の配當案は最初の間は敎師の見はからひで、計畫しなければならないが、後には兒童にも參加させるがよい。二年の後期には計畫委員を選んで兒童各兒の望とする題目を聽取させ敎師と協力して原案を作り、兒童の相談會にかけて決するやうにすることも出來る。

第五章　低學年敎育法の實例

(一)數圖カルタ遊び（尋常一年第一學期）

1、學習事項

◇一から十迄の數へ方及數字の書方

◇數の大小比較及び簡單な加減の練習

2、製　作

◇長方形の作り方、カルタ製作

先づ「今日はカルタを造らうではないか」とかうして兒童の喜を迎へて紙の數

へ方や長四角の名稱等を數へ手札形のカードを作らせる。表にはハート形、菱形、丸或は花等思ひ思ひの形で一から十迄の數圖を畫かせ、或は色紙で作つて貼らせる。裏には1から10迄の數字と自分の名前を極く吟味して書かせる。その爲にノートに豫め數字の書方練習をさせてもよい。

3、遊び方

◇二人で遊ぶには表又は裏を二人が同時に出しあつて數の多い方が相手のをとりあげるのである。十回出し合つて後に自分の所有枚數を數へて多い方が勝となる。此の遊び方は出す順序を十、九、八といふ順に兩方が考へてやるやうになると勝負がつかなくなる。而も其の事に考へつくのが甚だ大切な數生活である。後には順序不同に出すことに約束させるがよい。

(表ノ七)　(裏ノ八)

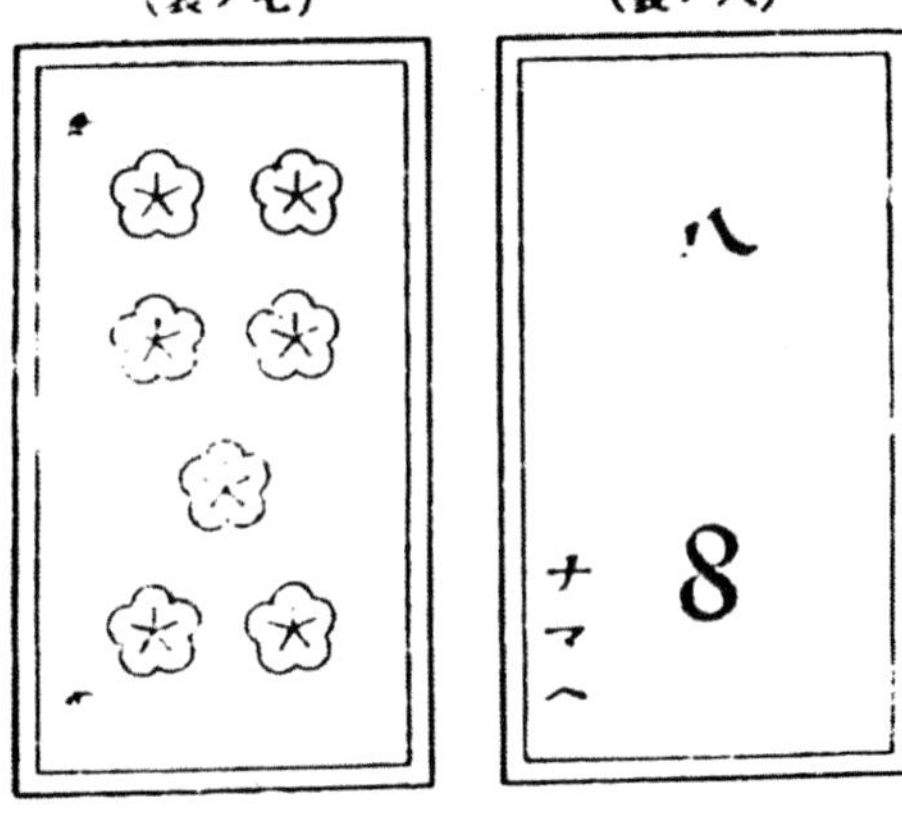

◇二三人宛組を作つて組と組との勝負をするのは一層面白い。甲組の和が

乙組の和より大きい場合に甲組の勝となるのであつて、私の見た例に7と8との和が9と5の和よりも大きいといつて言ひ爭ひ、遂に數圖の數を數へて實證しあつてゐるのがあつた。

◇場所とり遊、算術帳等の方眼紙を前において、二人が同時にカルタを出し合ひ、其の差だけ勝つた方が方眼の眼を占領するのである。前の方法は主として加法であるが、此の場所とり遊びは減法である。

(二) 測定遊戲 (尋常一年三學期頃より)

1、學習事項

◇物指の讀方及長さの觀念を得させる。

◇物の長さのはかり方及目測練習。

2、方法

◇級友の指の長さ、身長、辨當の重さ、書籍の重さ等を測つてそれを記錄し大小の順を定めたりする。　しばらくの時間があつても尺度や秤を用つて遊ぶやうに目測ごつこ」をするのもよい。「目測ごつこ」は二三人が組んで目測をしス

名	指の長さ	順番
Kさん	……cm	2
Gさん	……cm	1
Fさん	……cm	5

コアをつけて勝負を定めるのである。低學年の間は米以下の範圍として耗級の誤差は許した方がよい。

回	目測	實測
1.	（氏	名）
2.		
3.		
4.		
5.		
6.		
7.		
8.		
9.		
10.		
合計		
回 1.	（氏	名）
2.		
3.		
4.		
5.		
6.		
7.		
8.		
9.		
10.		
合計		

(三)カレンダー（尋常一年第二學期頃より）

1、學習事項

日	月	火	水	木	金	土
		1	2	3	4	5
6	7	8	9	10	11	12
13	14	15	16	17	18	19
20	21	22	23	24	25	26
27	28	29	30			

◇各月日數か、一週間の日の名、日數。七の乗法八九。

◇學校及學級生活の行事、

◇方形及方眼の引方

2、製作

◇上圖の如きカレンダーを毎月一枚づゝ作り、餘白には其の月の花、行事等を描かせる。

◇一年には十二枚集まる。

(四)時間に關する作業（尋常二年）

1、學習事項

◇時計の見方、等分作業、五の乗法九九、

◇各自一日に於ける時間生活

◇圖表の描き方

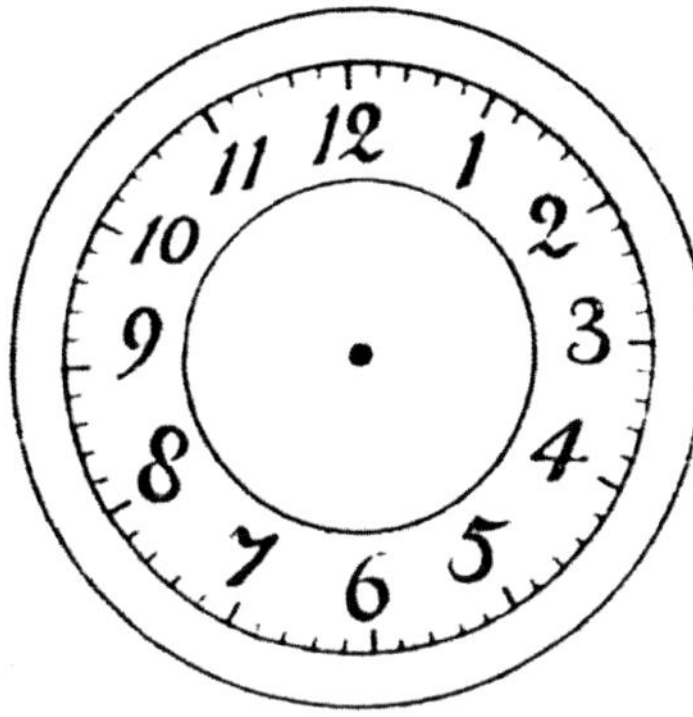

2、製　作

◇上圖の如き針のない時計の圖を二枚謄寫して各自に與へ夜ねる前に時計をごらん長い針はどこに、短針はどこをさしてゐましたか、朝起きた時長針、短針、はどこをさしてゐましたか、と指示して書き入れさせる。

翌日はこれを材料にして時計の見方を知らせる。

◇時計の見方を指導してから、厚紙に圓をかゝせ、圓の半徑を以て圓周を六等分し、更に各分を二等分して時間を書き、時間と時間との間を五等分して時、分の單位を明確ならしめる。　別な厚紙で長針短針を作り、綴込金で圓盤の中心にとめて時計の模型を作る。　而して後時計の早い見方を練習する。

◇時計を十分讀むことが出來るやうになつたら、次の表を謄寫して毎日、記入させ、學校でも毎日時計を見ては記入させる。そして一週間の後之を集めて圖表にする。兒童の日常生活を調査するには非常に重要な材料であつて、時間的生活の有力な訓練となる。私どもは毎年これをやつて睡眠調査、通學乘車時間、家庭生活の狀況を調査してゐる。

曜日	起きた時	朝飯のすんだ時	學校へ出かけた時	學校へついた時	學校からかへる時	家へついた時	夕飯のすんだ時	夜れる時	備考
木									
金									
土									
日									
月									
火									
水									

前頁の時間表を左のやうに圖表に表して更に餘白に日の出や自分の一日の生活の繪話を書かせるがよい。

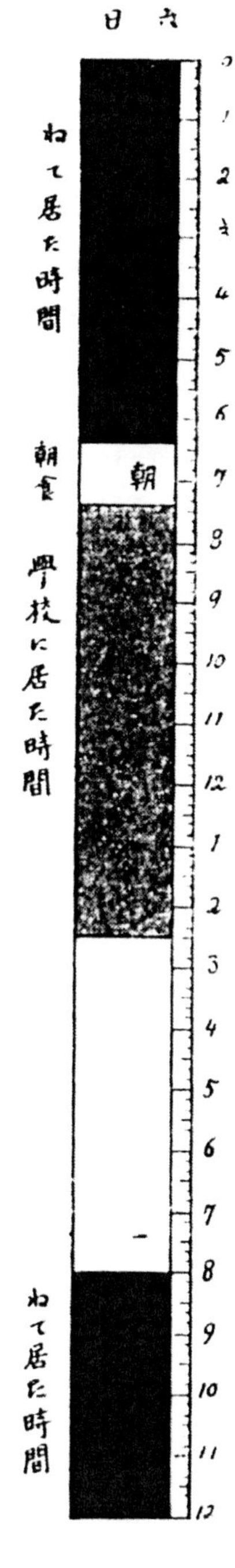

（五）方陣計算的遊び（尋常二年第三學期）

二年の終期には簡單な暗算もてきぱき出來なければならない。一齊暗算もよいがそればかりでは劣等兒の救はれることがないので簡單な方陣算の圖を教室に掛けておいて時々各自に練習させるがよい。

英雄ナポレオンは幼少な折1より16までの數字をきりぬき毎日そのならべ方を縱横同數になるやうに練習して次第に上達し次に1から36までの數字を切拔いて同樣に毎日練習し更に1から49までの數を縱横同數になるやうに練習したといふ。此の練習が遂に彼を數學家とし砲術家とし用兵の天才に仕上げ

16	9	5	4
11	2	14	7
5	15	3	10
1	8	12	13

31.	2.	34.	3.	5.	36
12.	26.	10.	9.	29.	25
18.	20.	21.	22.	17.	13
19.	23.	15.	16.	14.	24
30.	8.	27.	28.	11.	7
1.	32.	4.	33.	35.	6

4.	29.	12.	45.	20.	37.	28
35.	11.	36.	19.	44.	27.	3
10.	42.	18.	43.	26.	2.	34
49.	17.	41.	25.	9.	23.	1
16.	48.	32.	7.	24.	8.	40
39.	15.	6.	31.	14.	47.	33
22.	13.	30.	5.	38.	21.	46

たのだといふ。右に示したのはその配列の一方法である。

(六) 砂糖屋ごつこ （尋常一年第三學期）

1、學習事項

◇秤の使ひ方、重さの單位、簡單な金錢の勘定、店の觀念、賣買遊戯の作法。

2、遊び方

一通秤の使方重さの單位について教授してから、砂、紙製の袋、玩具錢(白、黄、ボール紙を圓形に打ちぬいて字をかいたもの)、上皿天秤等を用意して兒童數人宛を組ませて砂糖屋を開かせる。六百瓦入の砂袋を多く作り、一袋三十錢と定め、店相互の間で賣買させ目方が正しいか檢査させる。かうして基本練習が

すんだら各店に賣手と買手を作つて、買手は他の店から買求め、賣手はそれを他の店の買手の要求する分量の砂糖を袋に入れて賣るのである。金錢の計算が仲々困難になるから欲する分量といつても大體範圍を定めておく必要がある。

(七)果物屋ごつこ（尋常一年から）

1、學習事項

◇基數の疊加、疊減、乘算九九

◇果物の觀察、名稱、寫實製作、寫生、結果期、產地、賣買商店。

2、直觀

各自の庭に成つた小蜜柑、桃、梅、林檎又はおやつにいたゞいた果物を持參させ全部を集めて好惡、名稱、產狀、賣店等に就いて發表させてから寫實製作にとりかゝる。粘土で作つたものは乾して着色させ、厚紙で作つた者には彩色させる。次に各自の欲する觀察作業又は文章的發表をさせてから、果物屋ごつこに發展させるがよい。

果物屋ごつこは畳加畳減の練習及掛算九九を數へるに好都合であるから遊びの前と後とに其の指導をするがよい。遊び方は前記の砂糖屋ごつこと大體同じでよい。此の種の遊びは幾度も行ひ、數の範圍を擴げればよい。乗算九九は一度に全部を數へるのでなく機會ある毎に一部宛數へて後には總九九を表解して十分記憶し得る迄練習させねばならぬ。練習の方法は一齊的に唱へさせるのでなく二人位宛組んで相互に誤を指摘しつゝ上達させるのである。記憶した後は遊戯や作業の場合に常に應用練習をさせるのである。

(八) 賣屋ごつこ (尋常三年第三學期)

私の經驗した精しい經過記録が殘つてゐるのでそのまゝ採録する。

1、目的。 兒童を自然の生活のごつこ遊びの様式によつて其の全自然の努力と喜を促し乍ら、彼等の健實なる相互協調の活動と團體的生活を指導し遊びを工夫すること、秩序的に活動することの習慣を養ふ。尙數へ方、計算の仕方、店屋についての知識、買物の作法紙等については臨機に教へる。

2、方法
イ、題目の決定は隨時に提出された兒童の要求の中から兒童計畫委員と敎師の相談の上敎師の適當と認むるものを選擇して前週中に決定じておく。
ロ、如何なる店を開くかは全く兒童の自由で、時には實際の店の樣子を調査して之を模倣しようとするものもある。
ハ、時間區分
第一時……開店の準備
第二・三時……實演
第四時……整理
3、開店の準備　開店する迄に約一時間を要した。同じ店を開かうとする兒童が數人宛グループを作つて賣屋ごつこの準備を整へる。
(イ)商品を用意して價格を定め、數を調査し、全數賣上げたら如何程の金高になるかを手わけして調査する。
(ロ)商品をならべ店かざり、ポスターを作り、廣告をくばる。

（ハ）賣る人、金錢を保管する人、商品や店の用具を買ひとゝのへる人等と手わけする。準備がすつかり終つたら各店の屋號、看板、を全體に紹介する意味で各店の主人が開店披露をする。其の際敎師の方へは商品の在高を報告する。最後に敎師から前回の遊びで問題になつた改良すべき事項を明示した。

1、買手がおしかけて來て店の商品を勝手に持出すことがあるので困る。

2、各店が亂雜になつてゐると買ひに行く氣になれぬ。

3、計算ちがひが多いのでお金が少くなる。

4、おつりを要求する人にも賣つてやらねばならない。商店の人は禮儀よく、買手も行儀よく。

5、ふざけることはよさう。

6、注文して、お金をおいたまゝ品物をとりにこない人が度々ある。買つた品物は大切にしよう。

7、はかりを使ふ人ははかり方をまちがへぬやうに、

各店の準備ぶりを巡視すると次のやうになつてゐた。

(1)郵便局をのぞいて見ると五人で、一心にハガキを作つてゐる。一人の兒童が製版所へ〒の「イモハン」と切手の版を注文して來てから、ポストを修繕して其の前に「十分毎にひらく。」と非常に吟味して書いてゐた。切手を賣る人、スタンプを捺す人「配達をする人等と手落なく準備されてある

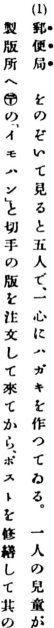

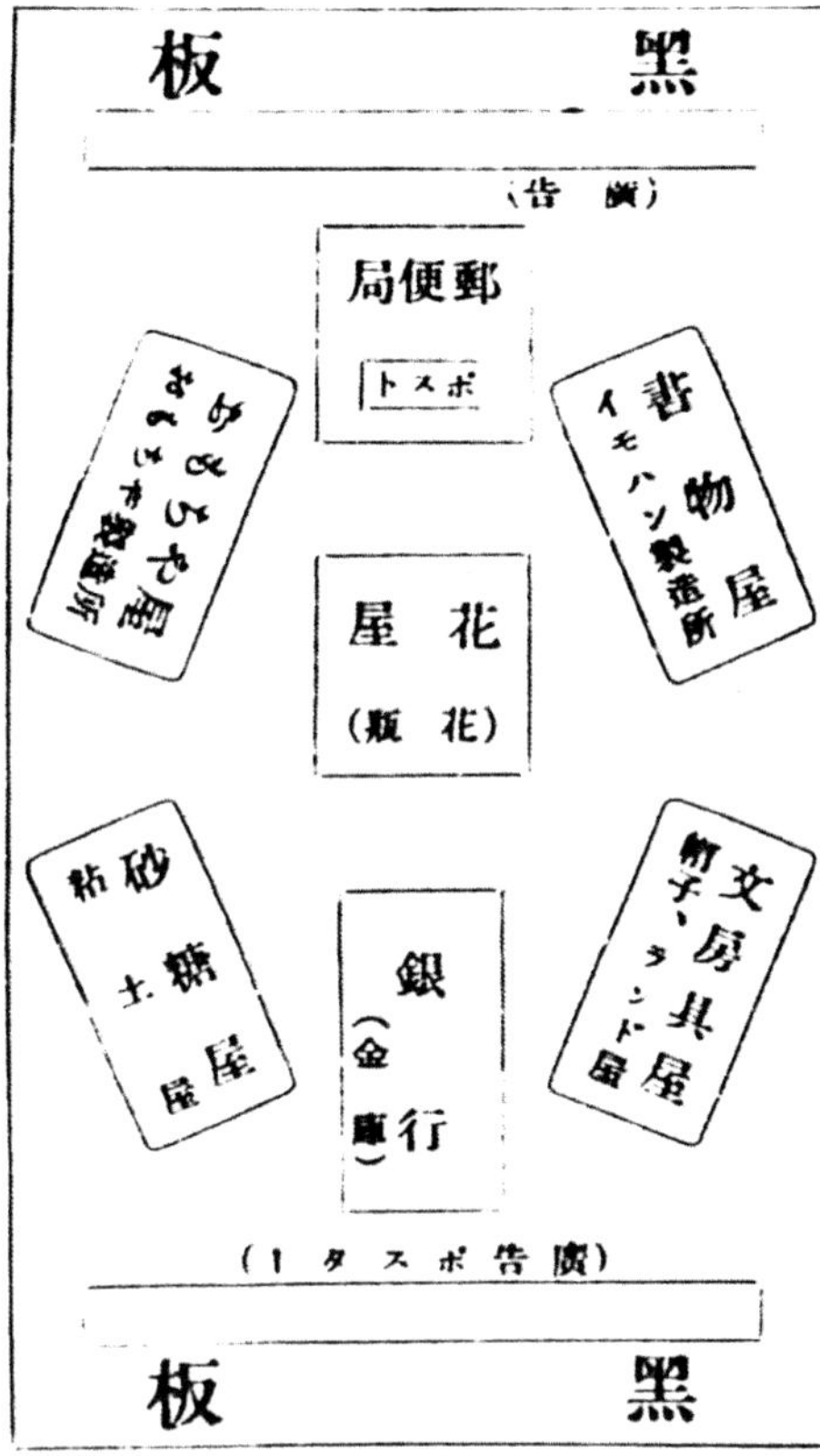

(2)書物屋を覗つて見ると、級友の讀本や雜誌、級で作つた「お話の本」等を山のやうに集めて之を分類し全體の金高が如何程になるかを計算してゐた。全部を賣り上げたとすると五十三圓五錢になるといふことであつた。店の前にはかざり紐などをさげて或子供はしきりに目立つやうに看板をかいてゐた。

(3)イ・モ・ハ・ン・ヤ・　お隣の版屋には皆が十五六列べてあつて五人の兒童が一心に何かほつてゐた。「何をほるのか」ときくと「注文が多くていそがしいのですよ」。とちよつと、すまし顏で、これは郵便局の版です、あれは齋藤本店からたのまれた版です。」あの君のほつてゐるのは此の店の廣告の版です。」等と言つてゐた、しばらくすると、製版所の廣告ビラが各店へ配られた。

(4)文・房・具・屋・　「ごめん下さい。」と文房具屋を尋ねると、三人ばかりの店員が、友達から借り集めた學用品に一々名前がついてゐるか調査し分類して價格をきめてゐた。店のまん中には高い三角塔を立てて切りぬき文字の廣告がかいてあつた。全部を賣上げれば金額十三圓三十九錢になると報告した。

(5)帽・子・ラ・ン・ド・セ・ル・屋・　では友達の品物を借集めて商品の勘定をして五十六圓九十九錢になるといふことであつた。之等の計算は何れも三回以上やつて見た上での報告である。

(6)花・屋・　には菊の花や其他種々の花を一本三錢等と書いてきれいにならべてゐた。これは教室に備付の花瓶からとつて來た花の外に自分で用意して來たも

のもあつた。そして今日は各商店が店の飾花を多く注文するので」といつてよろこんでゐた。店には花の外に瓶や花挿まで用意されてあつて、在庫商品一圓二十七錢だとのことであつた。

(7) **銀行**へ行つて見ると三人で全級の兒童に渡す筈の玩具錢二圓五十錢宛の山を兒童數だけ作るのにしくしてゐた。そして此の銀行では附設事業ともいふのか金庫代用の空鑵が多數積み重ねられてある。賣屋ごつこのはじめ錢を全體にわたす迄と賣屋ごつこの終つた時、錢を返納せしめるのに非常に多忙なので教師も後から手傳ふ旨を述べると、そんな必要はないといつて斷られた。玩具錢は圓形に打ちぬいたボール紙である。白は銀貨、黄は銅貨にして一錢、五錢、十錢、五十錢の四種類ある。

(8) **砂糖屋**にはハカリが二臺用意してあつて一臺は店用一臺は買手の檢査用に當ててある、砂糖は砂箱の砂で、赤砂糖は煉瓦の粉末を其の上へふりかけるのだそうだ。一袋は六百瓦入て價は三十錢赤砂糖は一錢高だといつてゐた。此の店にも飾紐やボール紙等で美しい飾がしてあつて「大賣出し」と大書してあつた。

お隣の粘土屋は砂糖屋の支店だといふとである。三千七百五十瓦の粘土が用意してあつて誰に賣る積りかと聞くと、皆がきつと買ひに來る」といふのでそのまゝに開店させた。後で見ると非常な繁盛振りで教師の豫想がすつかり裏切られた。

(9) おもちや屋 をのぞいて見ると嘗て電車ごつこに使つた電車や汽車や軍艦、モーター、羽子板、時計、弓矢、人形等皆彼等の手製の品が所せまくならべて、一つ五銭とか七銭とか價がつけてある。うしろのおもちや製造所ではきびからで色々な品物をこしらへて賣るといふ工夫で在庫品は六圓十錢だと報告して來た。

(賣り手と買ひ手)

全部賣る人になつては取引が成立しない。全部買ふ人になつても困る。私の經驗では三分の一の買い手に、三分の二の賣り手といふ割でよい。各店員で交代して三分の一だけ買ひ物に出てもよいやうにきめさせる。但し郵便局員は買ひ物に出かける暇がないし、銀行は閑散だといふことがわかつたので金庫を賣捌く者一人だけを殘して全部買ひ手にする。各店には又總締を一人選らばせて、商品

の整頓金錢の取扱、お客の物の買方、店員の應對振等を觀察し、會計上の責任を負ふといふ主人格にしたのである。此の主人格の人は買ひ物に出かけることは出來ないが、店の開閉の權利を握り、店員を使つて店の飾等を購入させるやうにした。最初の中は其れが出來るか否かを非常にあやぶんでゐたが次第に物なれて、才幹の陶冶といふ上に有效であることがわかつた。

（第二時・三時―實演）

各自に二圓五十錢宛分配されて一切の準備が出來上ると五分間休憩して實演にかゝつた。あちらの店でもこちらの店でも「今日は」「おいでなさい」「何々を下さい。」と子供らしい賣屋ごつこが開かれた。

買ひ手は買物帖に一々之を記入し、賣手は賣上げ帖に書入れておく。各店では花屋へ使を出して飾りをしたり、郵便局へ葉書を買ひにやつたり銀行へ金庫を買ひに使を出したりしてゐた。

郵便局では最初五厘錢がないからといふので葉書を一枚一錢に賣つてゐたが、損をするからといふので途中から二錢に値上げをして問題をおこし、切手が同じ

マークで二錢、三錢、十錢の別をつけたといふので又問題になり、其の上或子供が速達にして下さいと申込んで來たが、何の事かわからぬので三度困つてゐた。開函は郵便十分毎にしなければならぬし、配達員は手不足となり、速達の要求は增加するテンテコ舞をしてゐた。花屋も亦甚だ多忙であつた。中には花を取りかへてもらひたいと言ひ出したり、金もわたさずに持つて行かれたり、記帳を忘れたりして非常に困つてゐたが四十分ばかりたつた頃遂に閉店を宣告して店の整理を始めた。

何れの店も皆多忙で唯書物屋が割合客が少い。私が手紙廣告の話をしたら書物の貸主に全部手紙を出して「買ひに來て下さい」と懇請してゐた。其の手紙が有効であつたと見えて買ひ手が多數おしかけて來た爲に又此處でも閉店して商品の大整理をするといふ有樣であつた。

敎師は席を銀行において金錢の出納を調査し、買ひ物に歩いて店の狀況を觀察し、金錢の數へ方、釣錢の計算、客の扱ひ方店員の活動振を指導した。

（第四時―整理）

一日買賣を止めて商店を整へて十分間休憩の後、買物高と殘金と合せて二圓五十錢になるかをしらべさせ、合計のあつたものから銀行へ返納させる。店の主人や買物に出なかつた者は賣上帖をしらべる。賣屋ごつこの計算が全部終つた上で、其の日の出來事について反省し各自の感想を述べさせのたてあるが、金錢の出納が覺帖とあはないて困つた。計算のあはない兒童は二人宛組んで相互に調査し誤差を明瞭にして報告させるのである。此の日兒童から提出された問題に次のやうなのがあつた。

(1)やつぱりざわ〳〵やかましい。屋外で賣屋ごつこをするやうにしたい。
(2)商品に勝手に手觸りするがいけない。
(3)ねだんが一體に高い　二圓五十錢では買へない品物さへあつた。
(4)藥背や切手の價が途中てかはるのは可くない。速達料は六錢なのに四錢にしたり、十錢にしたりするのがいけない。
(5)もつとていねいな言葉て賣買をしなければいけない。買ふ人も氣持がわるい。
(女の子供)

(6)速達郵便を出したのに受取人が買物に出た留守の間に店で手紙がなくなつてしまつたことがある。又人の手紙を無斷で見る人がある

(7)丁さんは郵便局の多忙な時へぶら〳〵遊びに來て困つた。(丁答)郵便局から遊びにこいといふ手紙が來たから出かけて行つたら歸れといはれた。(郵便局)手紙はいたづらに出した。」――いたづらの手紙を出してはいけない。

(8)おとし金が多い。金の取扱方を注意しなければならぬ。

(9)勘定の出來なかつたのがたくさんあつた。

各店の客の出入を調査して見るに、

書　　物　　屋……三十六人
版　　　　　屋……十　二人
郵　便　　局……三十三人
ランド、帽子屋……十　八人
粘　土　　屋……三十二人
もちや屋……二十六人

花　　屋……………三十五人
文房具屋……………四十七人
銀　　行……………九　人
砂糖屋……………二十一人

最後に教師から「商品を手にとつて見るには丁寧なるべきこと、書籍屋の門口で雜誌を買はないで讀むことは甚だ見惡いといふこと等に就いて諭し後かたづけを手落なくさせた。

五、備考―「賣屋ごつこ」の發達、

賣屋ごつこが斯ういふ風に組織的に面白く營まれるには簡單な遊びから反省に反省を重ねさせて、次第に進歩させ發達させねば出來るものではない　上記の例は尋常二年の第二學期の初頃に行はれたものであるが、此の遊びが完全に遂行される爲には少くとも次のやうな基礎が出來てゐなければならないのである。

（イ）計算は一圓迄の加減乘算と五圓位迄の簡單な加減が出來ること、
（ロ）彙類的數へ方の訓練が作られてなければ多數の金錢や物品を數へることが

出來ぬ。

（ハ）計量器の使用法、時計の見方

（ニ）買物帖、賣上帖の記入其の整理の仕方、

（ホ）商品の取扱、客の應對作法

（ヘ）團體的に一商賣を經營する訓練、

（ト）各種商店、銀行、郵便局及び其の事務についての知識、

而して此等の知識や習慣や能力は一時的に注入しても活用し得るものでなく、彼等の生活の力となり肉となつてゐる所から臨機に生み出されるのである。此の遊びをする迄に種々な遊びが繰りかへされてあるが、直接關係のあるものを考へて見ると、

イ、手紙遊び……一年の頃から數回やつて來た。

ロ、銀行ごつこ……一年の頃二回、二年になつてから一回。

ハ、お砂糖屋……三回位、

ニ、花屋人形屋……三回位、

ホ、彫刻、玩具製作其他……二三回、
ヘ、課業的方法による計算練習、
ト、平素の團體的社會的訓練、

(九) 郷土直觀の指導案例

(1) 道順と教授事項

學校—停車場（切符の買方、汽車の乘方、小荷物の送り方、貨車と客車、驛員、驛のきまり、運送店と此驛の貨物、公衆道德）—驛前のポスト（葉書投函、葉書切手の買方、郵便配達）—鐵橋（汽車の通ること　汽車のうた）

—一面の田（田植　働け　稻、米）—畑（桑　麥　れんげ）—瓦燒工場（粘土掘り、捻土器械、瓦製造、乾場作業、かま場作業、屋根の瓦）—中橋（小川　田の水　中橋）—養蠶室（給桑、桑畑、温度　養蠶の目的、繭と絹糸、蠶四いたゞいてかへる）

—巡査駐在所（巡査の　おかげ　巡在所）—觀音樣（由來傳說　堂の樂書　をけす）—觀音川—一本松(由來)—春日神社（お祭　說話　辨當）

—ひろば（花つみ　唱歌　遊戲）……歸校……(往復里程約一里)

(2) 準備

1、澤と中村の兒童數人をあげて觀察事項を計畫させ全級の相談にかける。

2、道順を說明し、汽車、道路、停車場、ポスト、養蠶、繪馬、役場、駐在所等、兒童の既有知識を整理し、社會的機能を知らせる。

3、水筒携行、費用を要せず。

(3) 時間二日間

第一日―教室で道順及主要教授事項について說明し用便を整へて直ちに出發。

第二日―觀察事項の話方、重要事項の復習、繪畫文章による發表、スゴロクの製作其他自由製作と展覽會及遊戲

(4) 發表整理の要領

1、各自の見て來た所を地圖について發表させる。スゴロクを作る兒童は此の地圖を基にして繪に書き表はさせばよい。其の製作の間に自然に復習も出來技能的習得も得られる。出來上つたら塞目を作つて自由に遊ばせる。

2、是を材料にして活動寫眞遊びをするのもよい。即ち道中の直觀事項を兒童數だけ求め、その一つ一つを四つぎりの畫用紙に繪で大きくかゝせ、全部をつぎたして一本の軸にまきつけてフィルム代用として、別に各繪の說明を面白く記述させる。大きなボール紙に窓をあけてそこから繪を表はし、製作者はその說明を讀むのである。

3、かなり大きい單元であるから仕事を小さく區切り、各パートを分擔させるがよい。その場合にも各自の着眼を指導し仕事の計畫を立案させた方がよいのである。

(一〇)聞方教育と繪話

聞方教育の機會は臨時に聞かせる教師のお話によつても達せられるが、兒童のお話ごつこでも果される。話を聞いた後各自のノートに其の要點と感想とをかゝせるのがよい。聞方教育の第一の目標は兒童の思想生活觀察生活を豐富ならしめ發表的興味を養ひ高尙純雅なる品性を育て上げようとするのであるからお話の內容は吟味して選ばねばならぬ。又聞方教育は語彙の擴張をも企圖

して行はれるものであるから兒童の話中の新語や敎師の話した新語句はとり出して辨まへさせる指導がなくてはならない。　上の圖は「ブタトオバアサン」といふ有名な童話を聞かせて、後適當な場面を定めて自由に繪話に表はさせた成績である。（尋常一年）

繪話はお噺話を書き表はすばかりでなく、繪日誌、觀察事項等も其の材料となるのである。　元來此の頃の子供は正確な實物の寫生よりも、人物の自由な描寫の方が易しく、思ひきつて氣分を表現するものである。

（二）電車ごつこ（尋常二年　六月二十四日）

動機　電車ごつこをやりたいといふのは數回あつたが、仕事の都合がつかなかつたのでのびのびになつてゐた。　一年の頃には二三回簡單な電車ごつこをしたこともあつた。　中谷、中山の二人の兒童がお話合の時電車の精しい分解圖と

省線電車の線路圖を大きく畫いて、中央線、山手線、京濱線の沿線にある級友の家や公園、神社、佛寺等を圖示し説明した。此の調査は何時の間に出來たのか家庭の話によれば頻りに郊外へ連れ出してくれと要求したが、それが出來なかつたので遂に二人で實地踏査をしたのだらうといふことであつた。電車ごつこに取りかゝる前に次の事を學習させた。

1、電車はどうして動く

2、省線電車圖

3、電車に乘る心得、車内の作法

準備　五人の計畫係を選んで電車の作り方、遊び方の計畫をさせて教師に提出させた。そして各自が電車を一臺以上作ること、電車は大きさだけを一定すること、遊び方は省線電車路と

驛名を大きく書いて其の間を運轉する。電車ごつこをしたい者は電車屋さんへ行つて電車をかひ求めること、いふのであつた。遊び方はあまり面白くもないと思つたが、後の相談でなほす積りで決行することにした。

〔製作〕電車はボール紙を臺にして他の部分を畫用紙で作つたもの、全部を茶ボール紙で作つたものがあつたが、廻る車をつける工夫に就ては何れも中々苦心した。糊が乾かないので火鉢を用意したり、糸でとめたりした。出來上つたのをならべて見ると三十四五臺、約五時間二日かかつた。其の外汽車を作つたものもあつた。

敎室の机を全部片すみへよせて室一ぱいの線路をかゝせ、中央線、環狀線京濱線を色わけにして其の間に主要驛名を書いた。

遊びの狀況　先づ出來上つた電車を電車屋へ納め玩具錢を出して電車を求めるのである。料金は表にして書いてあるからそれに從はねばならない。遊びは甚だ簡單で買求めた電車を有樂町、萬世橋、新宿、上野、東京、品川等と呼び乍ら押して行く。電車は時々修繕しなければならないので困つたらしい。運轉にあ

きて信號器、トンネルを作りたいと言ふ者も出來て來た。

〔整理〕遊んだ後の相談に次のやうな事項が決定された。

1、電車をもう少し丈夫にする必要がある。豆で軸をとめたのではこはれ易い。

2、もつと廣い場所でやつて見たい。停車場の名も皆書いてほしい。

3、時々電車の衝突があつて困る。又驛の名をよぶのは小さな聲で。

4、切符も賣るやうにした方がおもしろい。

電車ごつこは其の後二回ばかりやつたが切符を賣る迄には發展しなかつた。驛名や驛の設備は次第によくなつた。

（三）私ノウチ—私ドモノ村　（尋常一年第一學期中頃）

〔大體の計畫〕「私のウチ」といふのが此の作業のスタートであつた。家庭生活を指導し、兒童の各自の工夫による家を作らせ、之を集めて村を造らうといふのが私の計畫であつた。兒童は自分の家は作るけれども村にまで發展させようとは考てゐなかつたらしい。私の共同作業を指導する方針は一人一人に

まとまつたものを作らせ、それを組織的に集めて全體の新しい意味の形にしようといふのであつて、分業的方法はあまり、採用しなかつた。從つて各自の創つたものは一個の獨立した製作であつて同時に全體の一要素をなすやうにに工夫したのである。若し之を分業法にするならば宛も時計を作るやうに歯車軸、ゼンマイ、針、鋲板等をパートを定めその各部分を受け持たせて作らせることになるであらうが、兒童の共同生活の意識は到底それを理解し得るまでに、發達してゐないし、個人を犧牲にすることが多すぎてよろしくないと信ずるのである。此の作業は大體右のやうな趣旨の下に進められたのである。

〔私ノウチ〕　先づ家族の數、年齢、家族の日常する仕事、自分に對する家族の好意、父母、兄弟、祖父母、僕婢等に關する心掛、作法、自分の家庭生活の一日自分の玩具等を材料にして兒童の發表を取り入れながら說話し、綴話をかゝせたり、グラフを作つたりした。

ボクノウチ

ボクノウチハシタヤニアリマス。

ボクノウチニハ七ニンヰマス。

ボクノウチノオネエサマハショウガッコウ五ネンデス。オトシハ十二デス。

オホキイオネエサマハジョガッコウ一年デス。オトシハ十三デス。

オカアサマハ三十八デオトウサマハ四十四デス。

オニイサマハチユウガッコウ二ネンデオトシハ十五デス。

チヨチユウノオトシハワカリマセン。

イヌハオトシハ三ツデス。

ボクノオニハニハハナガタクサンサイテヰマス。

此の一通の學習指導が終ると、各々自分の工夫した家を製作することになつて、大體畫用紙を折り疊んで作る計畫にした。此の計畫は家の作り方を知つてゐる子供から提出された案で多數のものは其の方法に從つたが、中には自家獨特の工夫で拵へてゐるのもある。自分の家には美しい切紙模様をつけ、犬小屋、犬、子供、立木、橋、門、庭園ブランコ等もこしらへて付け加へた。

此の創作活動に於いて私の手を加へた所は家の作り方と各兒の工夫したところを全體に紹介することであつた。先づ計畫について各兒の意見を發表させ、後の工夫の紹介は全員の手をとめさせるのでなく作業振を巡視し乍ら一人なり一グループなりについて紹介するのであつた。

（三）私ドモノ村　兒童の製作した「私の家」を厚手のボール紙に適當に配列し、それに道路、川、橋、船、魚、木、車、汽船、飛行器、格納庫、トンネル、山、門、ラジヲアンテナ、公園、子供、學校、お宮、等を製作してならべた。其の頃砂箱がなかつたので、仕方なくボール紙にしたのであるが、之を作る材料は紙、粘土、針金、綿糸、キビカラ、木片、石、砂、マッチの箱、サイダ瓶の口コルク、空罐、空瓶等各種各樣のものを使用した。村の山、道路、川、鐵道設計は先づ三人の優秀な兒童に相談させて原案を作り、全體にはかつて其の承諾を得たもので、其の外は各兒の創作活動にまかせたのであるが素晴しいものがあつた。出來上つてから「私の村」を觀察させ、數人を選んで說明させ、後私の村のお話をかゝせた。

此の活動に於いて私の指導した點は兒童の心中に描いてゐるあこがれの美

しい村を現實化させようとした點である。山あり、川あり、舟あり、公園あり、飛行器あるそんな村はどこにもないが、兒童の住居したいと思ふ世界を創出させようといふことを目標にして總ての指導をしたのであつた。製作上については紙細工にとらはれ易いので、子供等の日常目につくやうな材料を手廣く用意してそれを利用させようとした。かうして出來上つた成績に對する兒童の感想文が面白い。

私どものむら　尋一　池田周三

私どものむらにはうちが二十六けんあります。中でも一ばんめだつのはなかやまさんのおうちです。きもたくさんはえてゐますが、つばきの木が一ばん大きいです。

ひかうきは四だいあります。きしやは五だいあります。

かはのほとりにはきがたてゝあります。かはにははしがかけてあります。

そしてふねが四そうついてゐます。

ぼくのむらはおもしろい。

しやしんにとつてもきれいだろ、
おおきい　うち
ちつさい　うち
つんづんならんできれだな。

（一學期末には多數の兒童は平假名を自由に使つた。）

（四）私どもの學校（尋常二年第二學期）

〔經過大要〕

1、動機　計畫委員が「來週は何を作るか、皆さんの作りたいものを後の黒板に今明日中に書いておいて下さい。先生と相談してきめますから」。と全體に相談かけた。そして集つた目的を材料にして私も加つて翌週の計畫を立てる都合になつてゐた。私はそれ迄の製作は個人製作が多かつたので共同製作になるものがないか、又實測製作に適切な題がないかを探した。ところが數ある題目の中に「學校を作る」といふのがあつたから、之をとることに委員と相談して決定し、全級の相談にかけて級全體の題目とし先づ校舍を實測するこ

とにした。

2、學習活動　かうして學習は開始された。兒童はまだ「間」の單位も、縮圖の書方も、卷尺の使用法も知らない。方眼紙の使ひ方、米尺の使方乘法の九々は知つてゐる。目測練習の要領も心得てゐる。そこで先づ次のやうな學習要項を豫定した。

イ、校舍の名稱、構造、各部の名稱、建方と方位、敎室の明暗。

ロ、「間」を單位にして校舍の測量、―長さ、幅、高さ(但し尺)、窓、ストーブの附方、敎室の割當方、校舍間の距離、廊下の長さ、幅高さ。

ハ、學校の敷地、中庭、花壇の坪の測り方、校舍の周圍の煉瓦道の坪數。

ニ、校舍のまはりの樹木の形配置。

ホ、兒童側から出た質問仕事―電燈附方、校庭の運動器具、門番、中庭の池、校舍の材木の出所、屋根のスレートセメント等の製造法

學習事項は敎室及校舍實測の間に授ける豫案を立て敎室內では兒童の質問と敎師の說話をもとにして學習させ、校舍の觀察と實地測量の要領を知らせ

た。仕事の大部分は教室外で行はれ、實地測量には繩、卷尺、竹を使つたのであるが隨分時間がかゝつた。かういふ作業ばかりやらせてゐたでは大人にしてもあきて來ることだらうと思つて、遊戲的に三十間五十間の步測競爭をしたり、一間おきに兒童をならべて兵隊ごつこをしたりして實地測量の間にも子供らしい遊びを工夫してやつた。

兒童の工夫にも面白いのがあつた。例へば五十間の校舍は幾度數へても步き作ら數へるので間違つた。そこで一間毎に一人宛立つて番號をかけて測つたり、軒の出が幾尺あるか高くて測れないので垂直に竿を立てゝ下の方で測る工夫をしたのがあつた。

3、製作活動　校舍の大體の踏査が終ると四棟の中何れを作るか各々手わけをさせてから縮圖をかゝせた。縮圖は五粍方眼紙に一間を二糎に縮めて、校舍の兩側面圖平面圖を作り着色するのである。此の圖が出來上る迄に彼等は手わけをして幾度實地調査をしたのか、私も及ばない位精密な調査をした。そして乘算や割算の應用練習も卷尺の使用法も自ら體得した。或子供が校

舍の高さを測れないで私に相談に來た。 何かよい工夫がないかと他の一グループに質問すると「僕たちは、打ちつけてある目板の數を數へて高さを知つた。 目板は二十三枚あつて、其の一枚が幅八寸であつたから、高さが十八尺四寸あるといふことがわかつた」と答へた。

又或兒童が屋根の傾斜した長さを測ることが出來ないので私に相談に來た。之も何か工夫がないか質問して見ると打ちつけてある破風板の長さで測る方法と、圖上で測定する方法を工夫してゐた。 斯うして圖が出來上ると、茶ボール(强靭なボール紙)に製圖して室割も正しくして校舍を組み立てた 各室の入口の戸は勿論廊下へは豆電燈もつけた。 之を砂箱の上に配列して渡廊下、便所、門番、校庭、運動器具を作り、校舍の周圍の木も作つた。 出來上らうとする頃の兒童の歡喜は遂に絶頂に達して、雀躍して活動した。

口繪の寫眞は「私の學校の出來上つた日」にとつたのである。

4、**發展**　創作的方法は以上で一段落をつげたのであるが、此の活動が更に次のやうな仕事に發展した。

(イ)學校の各部各學年の生徒の數をしらべてグラフにすること、
(ロ)私たちの學校のお話を書くこと、
(ハ)學校の繪をかいて展覽會をすること、
各兒童の計畫に從つて一時間だけ作業させた。

(五)エハガキユウビン（尋常一年第一學期）

(1)「手紙ごつこ」は兒童の平素やつてゐるところで私の見たのは木の葉を葉書にしてゐた。學校でやらせるにしては物たりないが、その興味の中心は郵便配達になることとである。そして「郵便」とゐせいよくおいて走ることが非常に愉快らしい。私はこれを子供と共にやつて遊ばうと思つたのは一年生のはじめの頃であつた。兒童にはかつて見ると大勢が配達夫になりたいと申し出たが交代して配達することにきめた。

方法は先づ各自が繪葉書をかいて自分のすきな人にさし出すことにした。

しかしそれでは繪葉書を幾枚も畫かなければならなくなるから、人から受取つた葉書に紙をはつて又自分の出したい人の宛名をかくことにした。

(2) 準備、ポスト……ボール紙製

開函時刻表……十分おき位がよろしい。

先づ各自が繪葉書を二枚づゝ書いた。最初のことであるから切手は貼らずにそのまゝ宛名を書いて投函する。宛名の書けないものは私にきゝにくる。子供の心理はおもしろいもので、自分の今差出そうとする人に其の當人の宛名の書方をきゝに行くものがある。

(3) 活動狀態　配達人になつた兒童がちよつと滑稽な顏つきをして「ガチヤガチヤ」などと音眞似をしてポストを明け「郵便」といつては各自に配達する。級の人氣のある子供には幾枚も集るが中には一人ももらはないものが出來る。そこで削氣てゐる者、雀躍してゐる者色々の場面が見られる。幾數回もやつてゐる間に自然に各自に行きわたるが、兒童からあまり不滿が出ないやうに敎師からの手紙を各兒に一枚宛用意して投函するとよい。繪葉書には幾枚も紙が貼り重ねられて文通がはげしくなる。時々文句を書き添へるのが出て來る。此の遊びは練習するに從つて面白くなるものである。

(4)整理　遊戯の中止を命じて「どうも面白かつたね」「又いつかやりませう」。「此の次にはどういふ風にやつたらよいでせうか」と改良案を諮問する。兒童から多數の要求が出る。

(イ)切手を賣るところを作つて下さい。

(ロ)スタンプをおして下さい。……スタンプは芋版、ゴム版、木屑版でよい。

(ハ)手紙に用事やお話を書きませう。　名をもつと美しくかきませう。

(ニ)ポストの出す口が小さいから大きくして下さい。

(ホ)配達をまちがはないやうにして下さい。

(ト)宛名をはつきり、わかりよく書いて下さい。

右のやうな色々の要求が出ると第二回目の手紙ごつこは其の方針に從つて改良するこゝに遊戯の進歩があるのである。

(六)大賣出し（尋二二學期末）

先づ歳末大賣出の市況を觀察してくるやうに命ずる。二三日してから教室で發表させ「福引」「吳服屋の大賣出」「廣告」等の題で自由記述をさせる。之を出發に

して大賣出しの數生活指導を遊戲的に指導し、前述の賣屋ごつこの方法に「福引」を加へて行くので非常によろこぶものである。次に店の様子をボール紙で作り「クリスマスツリー」もたて、豆電燈をつけてよろこばせるのである。店にならべる商品は兒童の計畫であるから店々で異り、中にはサンタクロース爺の煙突から入る所をこしらへるのもある。それが終つてから發表會をして鑑賞しあふのである。

(一七) **神様のお國** (尋常二年)

先づ讀書の時間に讀んだ神話をプログラムによつて發表せしめる。兒童の發表は切れぎれであるから之に一筋の連絡を立てゝ教師は神代のお話をする。後其の神話を二人の神様、高天原、天岩戸、天照大神、八岐大蛇、因幡白兎、山幸海幸、天孫降臨、等の題目に分けて各自の選擇にまかせて一つ一つの話を更に研究させる。同題目の者は集つて神話の演習をさせるのである。

(類) 乞食と獅子、桃太郎、源義家、曾我兄弟、舌切雀、猿蟹牛若辨慶。

(一八) **こはろぎの家**

虫の家（共同作）

花壇へ出てこほろぎを捕へて研究し、教室で飼育する作業である。先づこほろぎを研究して記錄し其れを集めて一冊の本を作る。中を開いて見ると綴方もある。童謠、鳴聲の研究、とび方、とぶ幅、形態の圖解、たべもの等の事が精しくかいてある。本が出來上ると上のやうなこほろぎの家を作る。中には草が入つてゐて餌物も與へてある。こほろぎばかりでなく各種の秋の虫を飼育するに都合がよい。此の家の材料は商品荷造の框と炭俵を利用したのである。

（一九）かるた遊び（尋常一年から）

假名の習得はお話を書くことゝ、かるた遊びで教へるのが面白い。其のかるたは兒童の共同作がよい。「花のカルタ」・「オウチノカルタ」・「ドウブツカルタ」・「サルカニ」・「浦島」・「桃太郎」等色々の內容で出來る。大體の

計畫は教師がして繪と文字は各自にクループでかゝせるのである。二年になつてもかるた遊びは面白い。二年のかるたは理科カルタ歴史カルタ、地理カルタ、謠カルタ等が出來る。

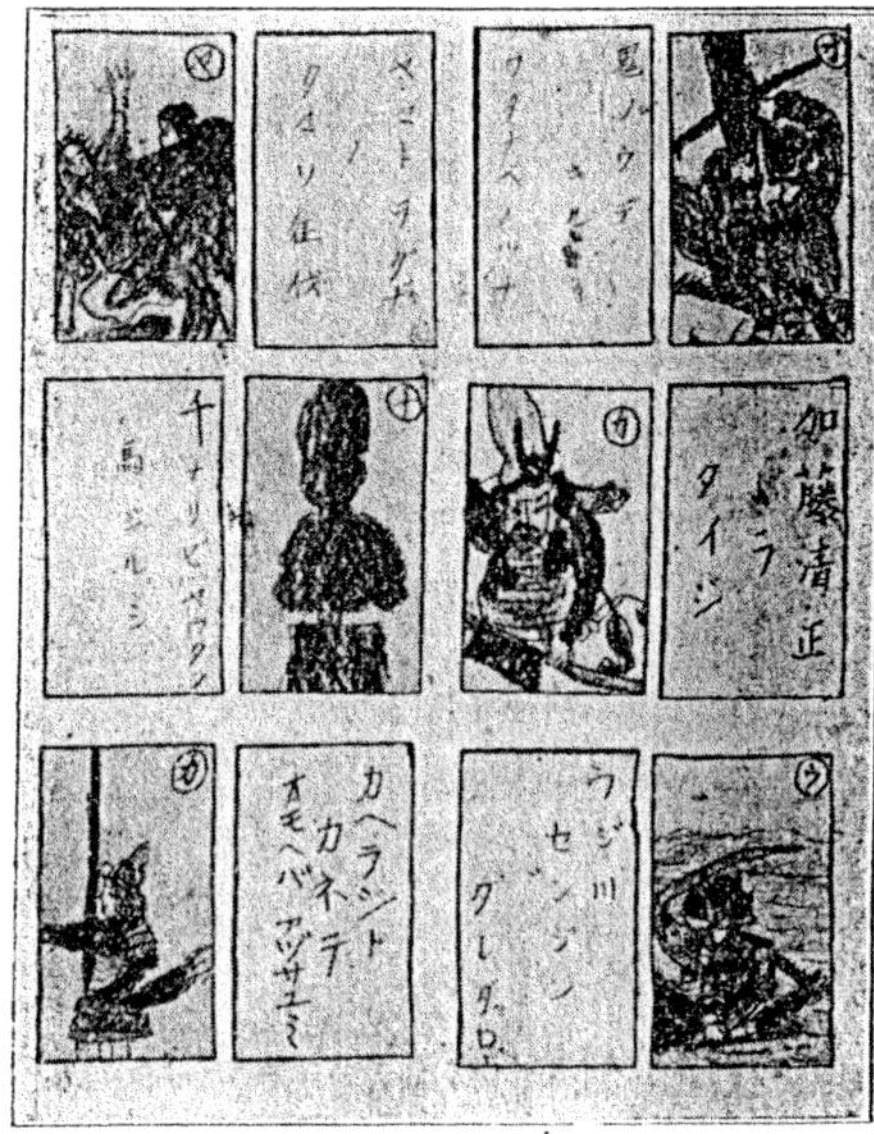

かうしてカルタを數種類も作つておけば兒童は外へ持出して遊んだり、仕事の間にやつて見たりする。口繪に掲げた理科カルタは多少工夫したもので、一枚の文句に數枚の繪札がある。それで例へば夏の文句を讀むと拾手は數枚を探し出さねばならないことになるので非常に面白い。

(三)　私の不思議

兒童の日常に種々な質問が起るものであるから教室に質問事項を記載する設備をしておく。それが十二三もたまつた頃機會を見て相談にかけ兒童相互の意見を發表させて後教師の適當な解決を與へるのである。例へば

1、何處かの堤防がこはれたといふ話ですが何所ですか、
（男鹿半島の一角に起つた事件についてゞあつた）。
2、火山はどうして破裂するのか、
（十勝岳の爆發について起つた質問）
3、茶碗に水を一ぱい入れるとなぜ凸になつてこぼれぬのか、
4、かうもりは鳥か、けものか（實物を持參して）
5、ライオン齒磨はどうして作るのか、
6、ごはんをかめばかむほどあまくなるのはなぜですか、
7、電車はどうして動くのですか、
8、石は大きくなりませんか、（大きくなるものだと多くの兒童が信じてゐた）。
又次のやうなのがある。
1、錐で穴をあける時なぜ錐があつくなるか、
2、お湯から上ると何故體が赤くなつて手がしはになるか、
3、夏は暑く、秋になると寒くなるのは何故か、

4、ぬれた着物がかはくのはどうしてか、水はどこへゆくのか、
5、おとうふはどうして作りますか、
6、おみおつけの中をのぞいて見ると中からむくりむくり上るのは何故か、
7、電車のまどから下を見ると早く、遠くを見るとのろいのは何故か、
8、山びこの出來るわけ、
9、こんにやくはどうして作るか、

此等の質問會は月三四回行はれる。そして之から作業の發展することも度々ある。重要な質問は家庭へも謄寫して知らせるのである。

(二) 遊戯場の指導

(イ) 輪勘定

1、設備

藤棚の下に直徑二尺位の輪をつるし、其の中央に一個の鈴をつけておく。遊戯場にはスコアをつける板を設備するがよい。布包のボール又はゴム球を

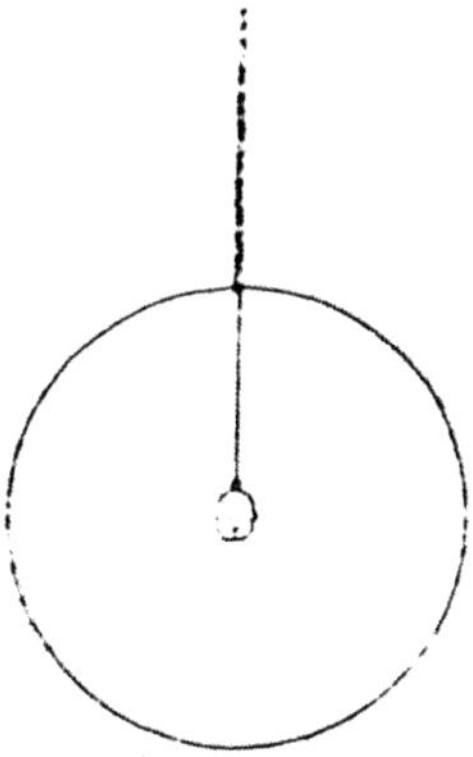

兒童各自に二三個宛に用意しておく。

2、遊び方　仲間は幾人でもよい。　相談の上ボールを投げて輪を通したら幾點、鈴にあたつたら幾點と定め、一定の距離から投げるのである。　私の經驗では一個だけでは兒童も物たりない。　一度出たら二個位は投げられるきまりにした方がよい。各自の得點をスコアにつけて五回位まはつた時總和を勘定する。　此の遊は一度數へておけば遊戯場へ來る度に仲間を作つては自由にはじめるから世話がいらない。

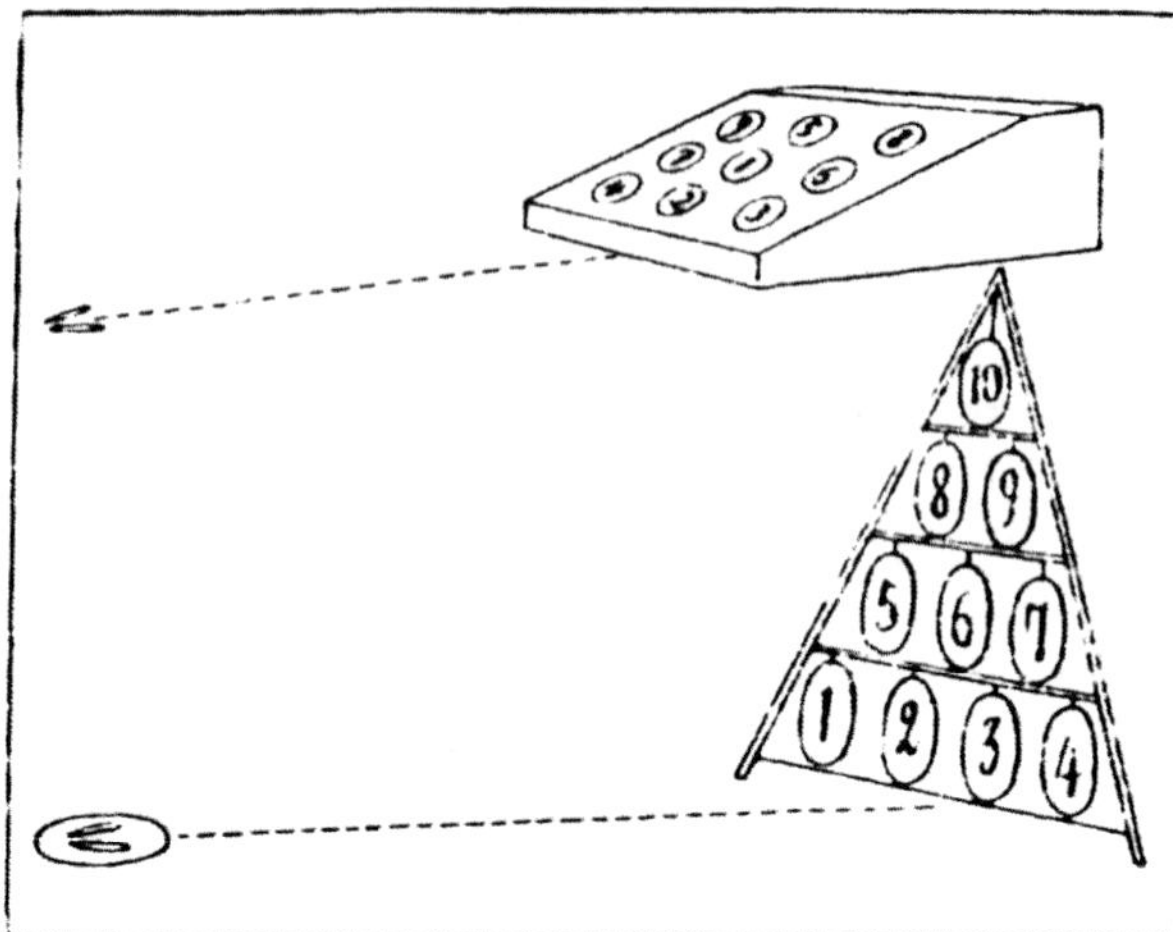

3、注意　遊んだ後には必ず用具の後始末をさせねばならない。

(ロ)　玉。投げ。輪。入れ。

1、設備　遊戯場に圖の樣な遊戯道具と、ボールや輪を備付けて、スコアを付けて自由に遊ばせる。

2、遊び方

一人で輪投をしたり、ボール投をして幾點になるかやつて見ることも出來、數人仲間になつて遊ぶことも出來る。

(ハ)外遊び

目的と指導要項

すぢおに

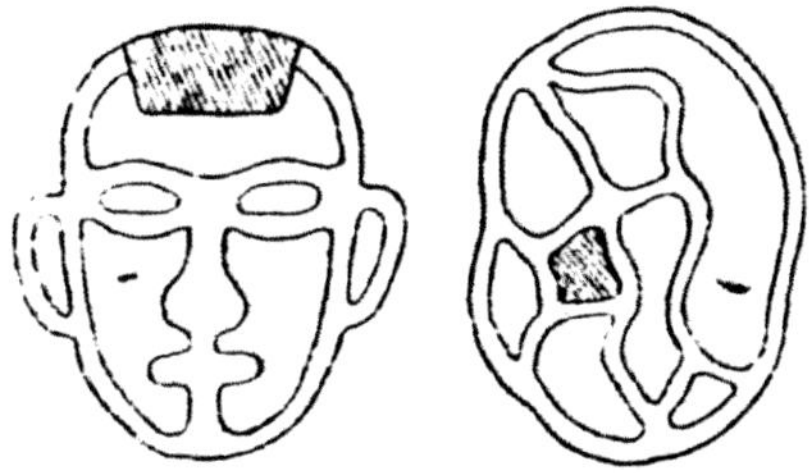

きまり

1おには二人。しるしをかぶること。

2すぢから出てはならぬ。

3とんでもよい。

4手がさわつたらおに。

5たまりへおには入られぬ

6きまりをやぶつたらおにとじやんけんする。

さしづ　M　I

T　O

兒童が路傍で行ふ遊び方を善導する事、新たな面白い遊び方を授けて共同の規律を遵守すべき事、指揮者としての才幹を培ふこと、身心の發達とはかること等が目的である。

先づ家へかへつて、如何なる遊戯をするかを調査し、又は新しい遊戯を敎へ、其の不都合な點は相談の上で訂正させ之を上圖の様に記錄に殘しておく、記錄にはゲーム

キックボール

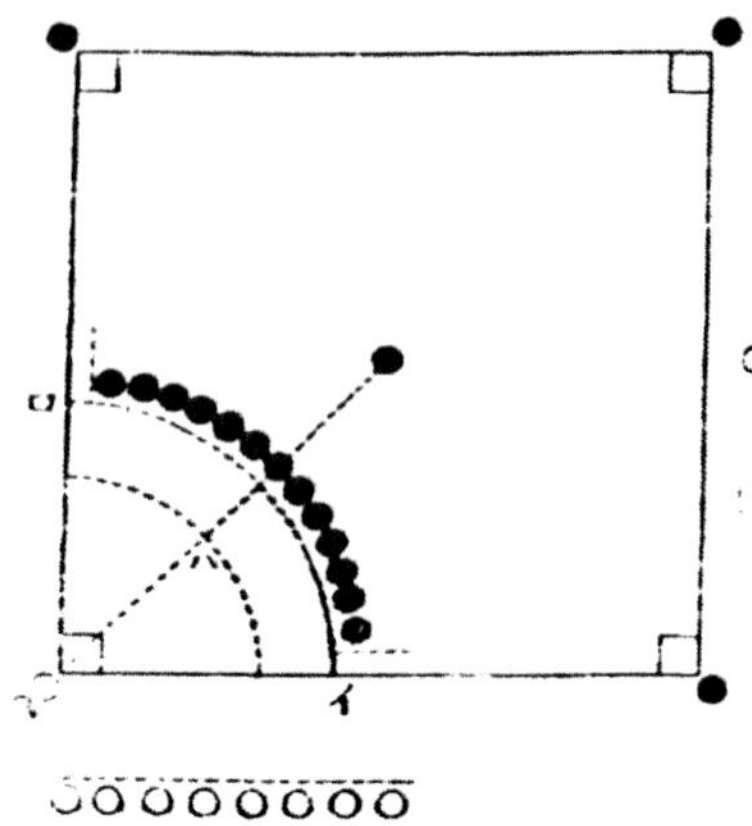

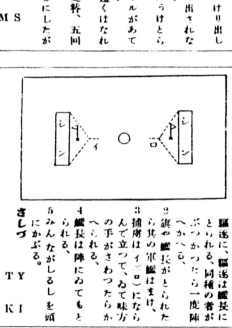

きまり
1 ボールはまつすぐにころがすこと、
2 (イ)(ロ)の外へけり出したらアウト
3 (ハ)の外へけり出されなかつたらアウト
4 地につかぬ前にうけとられたらアウト
5 かけ出してボールがあてられたらアウト
6 外のすぢから遠くはなれたらアウト
7 アウト二度で交替、五回勝負、
8 指圖のいふことにしたがふこと、

さしづ　MT　MS

ぐんかんあそび

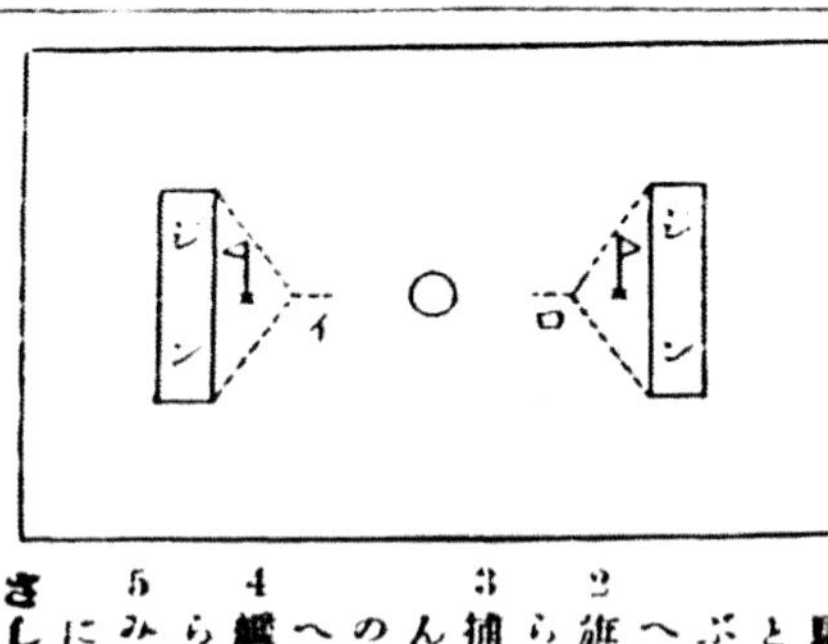

きまり
1 艦長は水雷に、水雷は驅逐に、驅逐は艦長にとられる、同種の者がぶつかつたら一度陣へかへる、
2 旗や艦長がとられたら其の軍艦はまけ、
3 捕虜は(イ)(ロ)にならんで立つて、ゐて味方の手がさわつたらかへられる、
4 艦長は陣にゐてもとられる、
5 みんながしるしを頭にかぶる。

さしづ　TY　KI

の仕方と規則と、指揮者を書いておいて、彼等の要求に應じて其の記錄の中から遊びの種類を選擇するのである。

　指揮者を定めることは才幹を得る上にも、運動に趣味を養ふ上にも非常に大切なことで、その運動については指揮者のいふことに從はねばならないことにして

すまふ

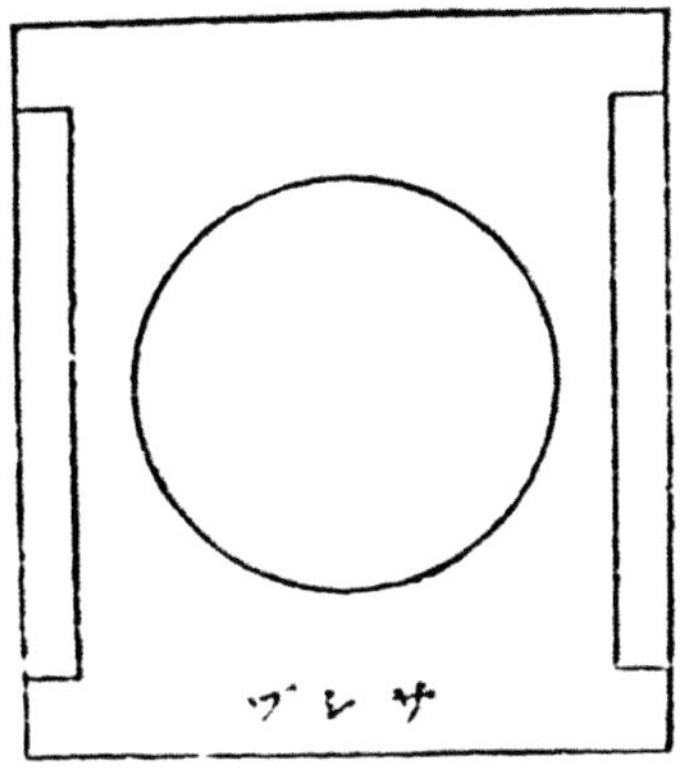

きまり

1 赤と白と一人づつ出てすまうとる、

2 負けたら、かはつて出てかつた人にくむ、

3 まけても泣きうそなかほをせぬ、

4 かつてもいばらぬ、

5 すなの外へ出たらまけ、

6 指圖の言ふことにきつとしたがふ、指圖もすもふをとる、

さしづ

S Y

I N

ある。運動精神もかうして發達するのである。

此の外に繩とび、猫と鼠、ボール送り、十字競爭、玉つき、暗算競爭砂場、汽車ごつこ、トンネル、スペリム等多くの遊び方がある。其の遊びには何れにも規定が定められてある。

此の規定は教師の獨斷で定められたのでなく、皆兒童が遊戯した後に協議して出來上つたもので規定の不備な所は漸々に改め、不備な規定でも從はねば其の一員となることを許されないのである。此處に於いて子供の國が法治の國として發達するのであつて、即ち此の規定を定めるといふ所に重要なる意義のあることを知らねばならない。そして此の規定も遂には不文律になるのである。

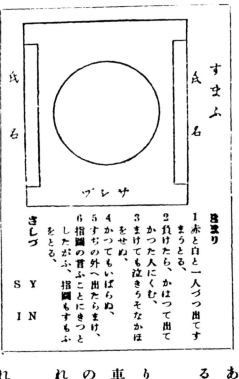

第六章　要　約

（一）目標

愈〻私は低學年教育法の原理と形態を實際の問題と結合して概括し結論を述べる時になつた。低學年教育の目標は先にものべたやうに第一愉快なそして全自我の全努力を促して活動する學校生活の態度を養ふことで、之が爲には教師に對し學校に對して心中不安を感ずるやうなことではいけない。絶對に信頼させるやうに努めねばならぬ。第二に兒童の日常の生活を指導して兒童本來の生活を生活せしめると共に日常の物事、郷土、直觀製作、學習等によつて廣い、深い生活の基礎を確立すること、第三には個性を尊重し目的活動と創造性を盛んならしめ、生活共存體の一員として大いに學級活動に於いて社會性を發揮せしめること、第四には秩序整頓、淸潔、姿勢、作法、言動等につき良習慣を養ふこと第五は身體の健康を進め、知識技能を修得せしめることにある。

（二）生活場

扨て此の目標によつて彼等の生活を指導するに當りて先づ考慮すべきは生活の場所である。低學年の教室及校内の設備は兒童のよろこんで各種の活動が出來るやうでなければならない。それには多くの費用を要するわけではない。彼等の自然の生活場を整理したやうな教場にする。其の中で生活せしむるには放任するのでなく自然の生活樣式に準つて指導を行ふ。徒らに教材單元を時間割にあてはめて注入したり萠ゆるやうな目的活動をふみにぢるやうなことをしてはならないのである。

(三)生活單元

次に考へねばならぬことは生活單元である。この事は屢〻述べて來たから今更說明する必要もないと思ふけれども、約言するならば、兒童の生活は時間割のやうなきれぎれのものでない。目的活動の連續である。其の目的活動は讀方とか、算術とかいふ抽象的な形式的なものでなく、凧を上げるとか、汽車をつくるとか、爲朝の話を讀むとか、お客樣ごつこをするとか、物を見て質問するとか、かういふ具體的なものである。其の具體的な目的活動の一鏈を生活單元といふのである。

低學年教育改造は先づ從來の形式な死知死能の教材單元にかへるに兒童の實生活から生れる生活單元をもつて來ようとするのである。

(四) 生活教育の組織

兒童の意欲の種類は非常に多い。數へて見ればきりのないことであるが「おばさんごつこ」「着せかへごつこ」「人形ごつこ」等は家庭生活の模倣であり「せんせいごつこ」「學校ごつこ」等は學校生活の模倣である。又「でんしやごつこ」「汽車ごつこ」「手紙遊び」「兵隊ごつこ」等は社會生活の模倣で、又「角力」とか「おにごつこ」とか「ボール投等は運動欲の表はれたものである。兒童にとつてはそれ自身が日常であり、愉快な活動なのである。此の種の活動を遊戯といつて來た。

兒童には又「汽車や軍艦を作る」「繪をかく」「砂の穴を掘る」「家を作る」「繪話を書く」、物を製作する、創出する欲望がある。之も一つの自然の生活様式で私は生産、發表といつて來た。

其の外に「質問したり」「漢字を習ひたがつたり」「物を見たがつたり」する好奇心求知欲がある。之を私は學習といつた。之も自然生活の一様式である。

そこで低學年敎育法の改造は形式的劃一的な注入本位の組織を廢して此の自然生活の樣式に於いて兒童を育てゝ行かうとするのである。即ち學習、生產、發表遊戲、の樣式によつて學習的方法、創作的方法、生產、發表法の三案を組織したのである。

(五) 生活單元と生活敎育組織

生活單元と生活敎育組織の關係について述べよう。これはもう屢〻のべた處で、生活組織も、生活單元も共に兒童の自然の生活を基調として生れたものであるから、多く必然的の關係にある。而して敎授者は指導の目的をもつものであるから兒童が學習を目的とする生活單元には學習に適切なる指導を施し、生產創作を目的とする生活單元の活動には又生產創作の目的が果されるやうな指導をする。遊戲の場合も又同樣で其の指導の原理と要領は今迄に詳細に論じて來た通りである。

生活單元の發展は色々の方向がある。

(A) 學習から製作、創作に發表し、更に遊戲になるもの、

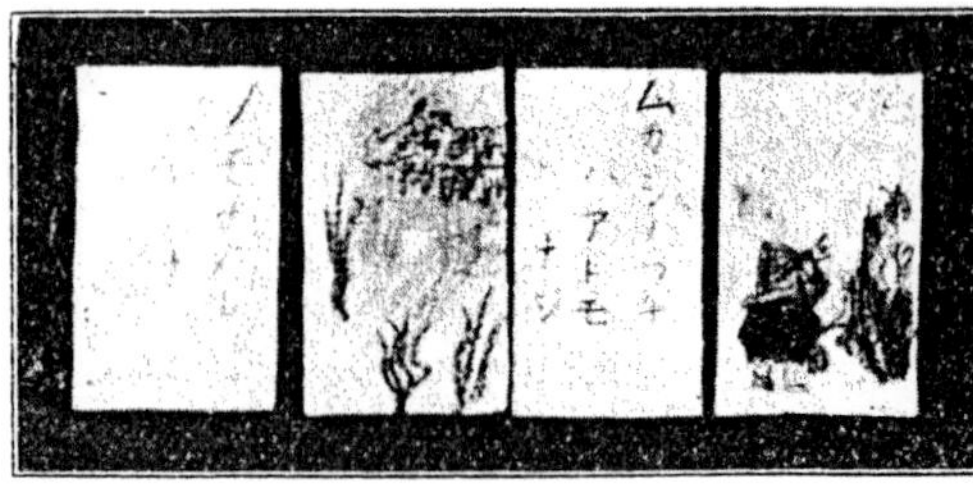

（例）
動物園の觀察學習↓私達の動物園の製作↓動物園ごつこ
桃太郎の童話學習↓脚本、筋書の創作↓桃太郎劇
　↘桃太郎カルタの創作↓カルタトリ
東京市の郷土學習↓スゴロク製作↓スゴロク遊ビ
　↘自動車、遊覽地圖↓自動車ゴッコ
義經の唱歌
源氏の話 ｝↓｛脚本、用具の製作
　　　　　　　平家と源氏作文｝↓源義經と辨慶
平家の研究 ←

(B) 學習から製作發表作業に發展したもの

（例）
蟹の直觀學習 → 童謠、
　　　　　　 → 寫生、製作、
私の學校の學習 → 學校の實測製作
ニスの作り方 → ニス塗の器物、製作

(C) 學習から學習へ發展したもの

（例）櫻の研究→桃の花の研究→スミレとタンポポ→
計算練習→計算練習→
名前の書方→假名學習→

（D）製作作業から學習へ發展したもの、
カレンダーの製作→四季、一年の長さ、節句等、

（E）創作から遊戯へ發展したもの、
（例）人形の製作→人形屋→人形ごつこ、

（F）創作から創作への發展したもの、
（例）童謠→童謠→童謠→
風車→水車→ゴム仕掛車→舟

（G）遊戯から遊戯へ發展したもの、
（例）銀行ごつこ→花屋ごつこ→賣屋ごつこ

此の外發展移動の樣式は尚色々ある。

（六）生活指導上の注意

指導上一つの苦心は生活單元の生命を見定めることとである。即ち兒童の興味がどこにあるか、又指導上何を目標としたがよいかといふことである。この點に明かな豫定がたつならば指導の方法は自ら生れて來る。次に苦心するのは其の單元はどういふ方向に進展する可能性があるか、兒童はどういふ方向に動きつゝあるかを觀察することとである。無理に敎師の計畫で發展の方向をかへることも出來るが、それではどこかに無理が出來るから兒童の興味をよく觀察し察知するのである。

又一つの題目で種々雜多の事を敎へようと試る事もよろしくない兒童は目的とする所が定まらず、毎日たよりない生活をしなければならなくなる。それから常に仕事を自分の生活の中にさがし出すやうに指導しなければならない。そして若し目的、題目がなかつたら敎師から與へる位に敎師にも準備が出來てゐなければならない。仕事を多く見付け出さしめるには直觀指導、鄕土觀察、等いろいろの學習活動をさせたり兒童全體の刺戟を利用する爲に展覽會、相互批評會等を多くしたりするのもよい。

生活組織の敎育では一つの生活單元が完成しない中に次の題目に移らない方がよい。そして級全體の進度を揃へるには各自の仕事の分量に遠をつけておくのもよい工夫である。

後編

第一章　學級經營の根本觀念

一　學級經營とはどうすることか

學級擔任は學級經營をうまくやらなくてはならないとは屢〻聞く事であり、又現今實際教育上の諸問題の中で學級經營と低學年教育法の改造程に緊急な問題はないのであるが、然らば「學級經營とはどうすることか」と詮議して見ると何だか漠然として其の意義が明瞭でない。　經營案を書く際にも吾々は先づ其の意義を明瞭にし、立場を固めて獨創的な學級經營を立案しなければならないのである。

私は「學級經營とは學級の教育的意義と擔任する學級の性質とをよく了解していその成績が上るやうに教育上の工夫を行ふこと」としてゐる。　これでも甚だ漠然としてゐるが、「學級の教育的意義」「其の學級の教育上から見た性質」「成績の上るやうな工夫」の三つが經營上の大切な着眼點であると思ふのである。

元來學級を經營するには昔の塾を經營する位の意氣と熱誠がなければならな

い。勿論私塾と學級とは制度の上から見ても異る所はあるが、一旦父兄から「此の子の敎養を宜しく願ひます」と依賴された上は、それ位の責任は感じなければならない筈である。吉田松陰は松下村塾を經營するのに「松下雖陋村誓爲神國幹」と號び維新の皇謨を翼贊し奉つた多數の志士英材を其の門に出した。此の意氣は學級擔任には是非なくてはならない。故に學級經營振を觀るならば、其の敎師の能力識見と性質を知ることが出來るばかりでなく、責任感、敎育愛、敎育研究の熱心さの程度をも察知することが出來る。

學級經營の根本に立入つたならば學級編制とか、一學級の兒童數とか、學年固定法と持上り法の得失とかいふ問題が出て來る。然し、それは寧ろ學校長の學級經營に關係する部面であつて、目下の敎育制度では、命ぜられた或學級の擔任者として如何に經營すれば最もよいか」が急な問題のやうに思はれる。私は學級擔任の意見が大いに學校經營に實現されねばならぬとは思ふのであるが、學級擔任になつたからには人數が多くても、劣等兒組であつても、現在自分の學級を如何樣に敎育すれば成績が擧るかを研究するのが當面の問題であると思ふのである。

私の以下述べようとする經營案は此の意味に於いて今擔任してゐる學級を如何に經營したらよいかといふ實際問題である。

二　學級の教育的意義

學級經營とは學級の目的と性質を理解して教育上の所信を行ふことであるならば先づ第一に學級の教育的意義を考へねばならない。

何の目的で學級を拵へたのであらうか、今迄の多くの人は一人の教師で幾十人もの生徒を教ふれば結局費用が少くてすむからであらうと思つてゐた。そうして覺えさせる方法ばかりを右のやうな立場に立つて工夫したものであつた。今日でも六十人七十人の大きな學級を一人の教師に擔任させたり、單級とか複式とかいふのがあつたりするのは確かに教室がないとか、經費がかゝるとかいふ經濟上の理由があるかも知れないが、學級を編制して教育する事には更に深い教育上の理由のあることを承知しなければならない。

教育は一人一人の兒童をえらくしてやらうと企てるのではあるが、其の一々の

兒童がえらくなるには先づ第一組織立つた團體の一員となつて團體の目的を目的として働くやうな仕事をしなければならないのである。今日の學校では學級として組織立つた仕事はあまり多くやつてゐないからちよつとわかりにくいかも知れないが、組織立つた團體の一員となつて活動することは兒童をえらくする最も大切な方法であり、同時に國家の一員となつて働く國民を育てる上の重要な方途である。例へば雛壇を作るといふ學級全體の目的の爲に計畫を立て材料を用意し、仕事を分擔し、分擔の仕事を各員が努力して作り上げる如き組織的な活動の一員となつて働かねば兒童は本當にはえらくなるものでないのである。即ち學級の設けられた第一の目的は兒童が家庭から社會へ出る前に先づ學校學級に於いて組織的社會的な生活を經驗させようとする所にある。

次に兒童がえらくなる爲には敎師から敎へられることも大切であるが、兒童相互の刺戟、影響、接觸がなくてはならない。例へば我がまゝな子供、泣むし、運動きらひ、判斷ののろい者等は同輩の共同組織の下に生活することによつて甚だ性質が變る。又三人よれば文珠の智慧ともいふやうに相互の人格的交涉、生活刺戟によ

つて知識、徳性の啓發にも利益する所が多く、個性發揮も學級生活によつて基培はれるのである。即ち學級の設けられた第二の理由は學級に於ける相互の刺載を重要視したのである。

また外に學級の教育的意義はあるが、要するに個人性の發展の爲にも、社會的團體的陶冶の爲にも組織的社會的生活をさせねばならないといふ教育上の要求があるのである。

然し乍ら學級人數があまり多い場合には却つて之等の目的を達し得ないのみならず、教育上に幾多の支障を來すことは申すまでもない。

三 學級の教育的性質と低學年學級の特徴

學級を組織して教育すればどういふ長所があるか、又不都合な點があるか、一般にどういふ結果になり易いか、若しくは個人心理と學級心理とはどう違ふかといふ研究は學級經營上に極めて大切な着眼であつて、我々は之を知ることによつて學級組織の利害得失に應ずる施設經營が出來るのである

(一)相互に理解しあつて競爭し又協同するのに都合のよい團體である。 即ち學級は學校教育を實施する上の單位として設けられたもので人爲的な集團ではあるが、比較的永續的であり、割合等質の兒童の集りで年齢も精神内容も集合の目的も略ゝ同じ爲にかやうな教育的性質を有つのである。學級擔任は此の性質を利用して兒童の實力を養ふと共に協同生活の意義を體驗せしむるやうに學級を經營しなければならない。

(二)命令教育劃一教育が行はれ易い。 命令法、劃一法は最も低級な經營法ではあるが、最も仕末がしよいので學級教育とは動もすると此の方法にとらはれ易い。そして「總ての生物は太陽から個別扱をされたわけではないが、犬は犬として、草は草として各ゝ性能を發揮してゐる。況んや萬物の靈長に於いては個別教育を必要としない」とまで放言するに到るのである。我々は差異心理學の示す所に從つて適性教育を施し生活共存體としての學級を組織し經營しなければならないのである。

(三)學級平均進度の爲に秀才も平凡になる。 學級一齊教授は兒童の能力差が著し

い程やりにくいので、教師は中位の兒童を標準に學級不均進度を定め、劣等兒には補助して學習を急がせ、優等兒には足踏させる傾がある。その爲に秀才も平凡となり、創造活動も衰へてしまふことになる。之も學級經營上特に工夫を要する點である。

(四)下積の者や、變人扱の兒童が出來易い。 民衆運動の盛んな今日教育家は此の社會現象にも着眼しなければならない。民衆運動は必ずしも恐れるものではないが、穩健ならざる不平組、脫線輩の盲動を恐れるものである。之を根本的に治療するには經世家と教育力の携提を必要とする。或反社會的過激な思想を持つ青年が法官の問に對して「小學校の時分から先生からも同輩からもいぢめられ、下積にされて居た上、卒業後も社會から變人扱にされたので常に不平であつた」と申立てたといふ。學級擔任は弱ひ者の味方になつて常に下積の者や不平家變人扱にされてゐる者がないか注意しなければならぬ。

(五)個性的刺戟、の有貫なる暗示を受ける。 學級兒童が共存組織の一員として活動する間に相互の刺戟を受け、樣式の變つた創作活動の暗示を受けることが出來る。

故に學級の最もよく經營されたものは各人が個性に應じて活動しそれが同時に有機的組織的な一團體として生活するクラスである

以上は學級の一般的な性質であるが、低學年の學級は中學年又は高學年とは一種趣を異にした特徴を有つてゐる。私は低學年兒童の精神的身體的特徴を前編第一章に於いて詳述したのであるが、學級の特徴も其の根底は個々の兒童の特徴にあることはいふ迄もない。

(一)他の學年に比しお互の結合が弱い。 低學年の兒童は自己以外の事について考へることが殆んどない。故に非常に個人的偏見をもつてゐるやうに見えるが實は利己心も共同心も共に發達が幼稚なのであつて、中學年になると著しく團體的生活を營むやうになる。入學の當初は教師の手にぶらさがつて喜び、お互に教師の手を奪合つて爭ふものであるが、お互の結合力が發達して團體活動が出來るやうに隨つて何時の間にか子供等同志で遊んで教師の手にぶらさがらなくなる。かういふ時代であるから多人數の共同作業には教師も參加して其の中心になつて指導しなければならない。

(二)兒童相互の間のリーダーがない。 一年と二年とでは多少異るが一般に學級のリーダーが出來てゐない。意地の惡い子供、我儘者は可成に多いが一般の兒童が心服するやうな勢力家とか、リーダーとかいふものはまだ發達しない。之も中學年に於ける學級經營と趣を異にしなければならない點で、兒童相互の理解提携が進むに隨つて自然にリーダーが生れて來る。教師は兒童の個性に應じて各方面のリーダーを多く育て上げるやうに經營するのである。出來ることならば學級各員を一人々々何かのリーダーに仕上げたいものである。

(三)低學年の級風は擔任教師の鏡である。 低學年の學級は教師を神樣のやうに尊く思つてゐるので感化が非常に著しい。整頓の惡い教師の學級は教室も兒童の机もノートも不整頓であり、不作法な教師の級の兒童は禮儀がなく言葉遣迄も惡い。年寄教師の學級は一般に活氣がなく、年増女教員の學級には意地のわるい者が多く見られる。自發的、自治的で禮儀の正しい、しかも圓滿な級風を育てるには擔任教師の修養と工夫を忘れてはならない。

(四)男女兩性の差も目立たない。 男兒が髮を長くしてゐても、又男兒と女兒が手を取

繼いで遊んでゐても兒童は少しも氣にとめない。之が低學年學級の一大特徴で此の時代に男女共學の精神を十分培つてしまはねばならないのである

(五)傳染病が蔓延し易い。 低學年兒童は殊に身體の抵抗が弱いので、誰かゞ一人流行感冒、皮膚病等にかゝるとまたたく中に十數人に傳染して級の三分の二位病魔に侵されることがある。尋常一年は殊にそれが多い。それと同じ原因であるが姿勢がわるくなつたり、負傷したりすることも多いから警戒しなければならない。

四　學級經營の工夫

學級經營の問題は要するに方法上の問題であつて大體の方針は同じであつても兒童の發達に應じ、鄕土の事情により、敎師の熟練に伴ひ工夫し、進歩しなければならないのである。「然らば低學年の學級經營にはどういふ方面のことを工夫しなければならないか」。が直接の問題になつて來る。以下それについて述べよう。

(一)如何にして學校學級の生活になれしめるか。

今迄の學級では殆んど此の問題について工夫することがなかつた。入學の翌

日から時間割を決めて型の如く高學年と同じ學校生活をさせてゐた。それが爲に低學年としての重要な生活指導が出來ないばかりでなく、家庭生活と學校生活との急劇な變化の爲に身體の發育にも支障を來すことすら多かつた。最近起つた低學年敎育は多く此の問題を焦點として研究してゐる。或は時間割を撤廢して遊戯中心の敎育法を工夫したり、或は學科を學科として授けるのでなく生活指導の間に學科を生活材料として習得させよう等と工夫する如きは其れである。

(二)どういふ材料が生活指導に適するか。

敎科書を授けてゐるだけでは都合の學級、田舍の兒童、漁村の子供等それぞれに應じた生活指導をしてゐるのではない。これが低學年敎育の第一にむづかしい處である。我々は敎科書も細目もまづひつこめておいて、兒童の毎日の生活と鄕土について材料を作り、それを敎科書や元の敎授細目に比べて缺陷のないやうに訂正して使ふ位でなくてはならない。

(三)時間割をどうしたらよいか。

時間割の改造は事務上だけの事のやうに見えるが、實は舊い敎育法を採用する

か、新教育を經營するか、穩健に經營するか、過激になるかの分れ目である。我々は生活教育、全體教育、教科教育、學習材料の遊戯化、體驗主義作業主義の教育、合課教授等最近の教育思潮を一わたり調べた上に自家の教育の立脚地を確かにして時間割を立案しなければならない。

(四)教育の場所の工夫。

(一)生活の場所としての低學年教育場はどんな用意が必要か、(二)鄕土直觀、動植物及び自然の觀察を指導にはどんな施設が大切か、(三)遊戯生活を善導するにはどんな設備がよいか、(四)作業をやらせるにはどんな設備がなければならぬか、(五)數生活、國語生活藝術生活、及び運動保育の爲の設備はどうしたらよいか等は學級經營上の大切な工夫であるから、教師は教育態度を確立して徐ろに實施するのである。徒らに机の列べ方ばかり眞似して宛も新教育をやつてゐるかのやうに見せびらかすことは甚だ愼まねばならない。

(五)如何にして個人の實力を養ふか。

個人の實力を養ふことを忘れては國際的又は個人的競爭場裏に處して行くこ

との出來る有爲有能な國民を養ふことは出來ない。體力に就いて、學力、能力に於いて一人一人の實力を養ふやう學級擔任は工夫するのである。それが爲には(一)如何にして自己活動の教育を行ふか、(二)如何なる方法で個性を發揮させるか、(三)如何にして劣等兒を救濟し又適性教育を施すか、(四)兒童相互の刺戟を如何樣に利用するか等の點について工夫しなければならないのである。

(六)如何にして有機的團體的の學級活動を行はせるか。

力の個人も社會の一員として秩序的團體的活動をするのでなくては却つて社會文化の發展を阻害し、個人の破滅に終らねばならない。先にもいつた通り低學年學級は一般に個人の結合力が割合に弱い。これを指導して、學級を單なる個人のより集りと見ないで、學級全體が理想的な團體社會を作り、組織的活動、目的活動の共存體となつて發展するやう工夫しなければならないのである。

(七)學級事務の改良と能率增進。

教育學の進歩した今日も尙昔のまゝの教育研究法、學級事務をやつてゐるものが可成りに多いやうである。一には學術の進歩に應じ、二には能率增進に工夫す

る必要が多々あると思はれる。

第二章　低學年教育の時間

一　日課表の問題

教育の理論がどんなに進歩しても、實驗的効果が如何に確かになつても法令によつて劃一的に舊教育の方法を强制するに於いては最早實際教育の進歩は見ることは出來ない。我國には新教育方法の種々な試みがあるけれども愈々實施することになると小學校令施行規則第四號表に抑へられて如何ともすることが出來なくなるのである。

言ふ迄もなく日課表といふのは教科課程表に定められた毎週教授時數に應じて、各教科教授の次第を適當の日時に配當した表であつて教科課程實施の手續ともいふべきものである。日課表の主要事項は

1、授業の始終の時刻

2、一時限の長さ、一日の時限數

3、休憩時間の長さ及び排列
4、教科目の配當時數及び排列

の四項であつて、之を制定するには

1、兒童の發達、疲勞の研究、學科の難易、重要さの上下、心力の轉換等に注意して心理的、教育的、衞生的の各方面の科學的研究を基にして立案すること

2、土地の事情、通學距離、家庭の職業、學級の組別け其の他學校の事情等を顧慮して實施上に支障のないやうに立案することが大切である。

近來低學年教育には日課表は必要はない。兒童は日課表の爲に生活の急劇なる變化にあつて却つて不利なる結果を招來するのではないかとさへ考へられるやうになつた。我々の信ずる所では、前記日課表の主要事項中第三項迄は學校生活の形式として撤廢すべきではないと思ふ。即ち學校生活の時間區分といふことは大體に於いて認めねばならない。しかし最後の教科目と其の配當時數はその名目の通りに低學年に適用することは生活指導に幾多の支障が起るので反對

である。故に其の精神を參酌して低學年教育時間割を定むべきであると思ふのである。

二　小學校令施行規則に準據したる日課表

（小學校令施行規則第四號表……但低學年の分）

學年＼教科目	修身（毎週二時）	國語（毎週尋一、一〇 尋二、一二）	算術（毎週五時）	圖畫	唱歌體操（毎週四時）		手工	毎週時數
第一學年	道德ノ要旨	發音、假名、日常須知ノ文字及近易ナル普通文ノ讀ミ方、書キ方、話シ方	百以下ノ數ノ唱ヘ方、書キ方、二十以下ノ數ノ範圍內ニ於ケル加減乘除	單形 簡單ナル形體	平易ナル單音唱歌	體操 教練 遊戲	簡易ナル細工	二一
第二學年	道德ノ要旨	假名、日常須知ノ文字及近易ナル普通文ノ讀ミ方、書キ方、綴リ方、話シ方	千以下ノ數ノ唱ヘ方、書キ方百以下ノ範圍內ニ於ケル加減乘除	單形 簡易ナル形體	平易ナル單音唱歌	體操 教練 遊戲	簡易ナル細工	二三

圖畫ハ第一學年、第二學年ニ於イテハ毎週一時之ヲ課スルコトヲ得
手工ハ第一學年、第二學年ニ於イテハ毎週一時之ヲ課スルコトヲ得（中略）

右のやうに教科課程と毎週教授時數を全國劃一的に遵奉させ、手工圖畫を課する場合にはその毎週教授時數は學校長に於いて、他の教科目の毎週教授時數を減

じてこれに充てる規定である。又夏季冬季の休業前後各々二十日以内は兒童心身の發育保護の必要上學校長の權限によつて毎日の教授時數を減ずることが出來るやうに規定されてある。

機械的に此の表を毎週の教授時數に割り當てて劃一教授をするに於いては學級經營の工夫も著しく限定されてしまふ。

玆に於いて研究すべきは一時間の長さである。兒童心理學の研究する所によれば兒童の注意の持續力は

五―七歳……十五分
七―十歳……二十分
十―十二歳……二十五分
十二―十六歳……三十分

であるといひ、我校に於ける調査の結果も大體之に近いものである。そこで、一時限の長さを三十五分乃至四十分とし、公認の四十五分時限を短縮して、新教育主義の時間割を作り出す工夫が屢々行はれてゐる。勿論之は法令の正しい解釋に據

つた方法ではないが又一案ともいへる。

教育的心理學の研究したる日課表制定の主要原則によれば

1、學習及練習の効果は一時に多からんよりも數回に分けた方が結果がよい。故に各教科目は適當の間隔を定めて週日中に配當する。

2、第一時は心の働が未だ活潑でなく、心の適應態度も出來てゐないから、思考的教科目は第二三時に配當し、情操教材は第一時に技能科は最終時に配當するがよい。

3、體操科は身心の疲勞の度が比較的大きいから、困難なる教科目の間におくのはよくない　午前又は午後の最終時がよい。

4、兒童の自然の活動樣式において教育するに都合よきやうに教科目の排列を工夫する。

5、校長訓話、朝會、毎週展覽會等の學校中心の活動に應ずるやう日課表を工夫する。

日課表は土地の事情、學校及教師の都合によつても異同あるのみならず、低學年においては兒童の學校生活になれるに應じて改めなければならないものである。

四號表に準據するといつても大體之を標準とするのであつて之にとらはれることは教育に忠實な所以ではない。

〔第一學年第二學期〕

	第一時（十分休憩）	第二時（十分休憩）	第三時（廿分休憩）	第四時
月	話方、修身	算術	同作業	國語
火	唱歌、體操	國語（直觀）	國語	國語
水	修身、體操	算術	國語	手工
木	修身、體操	算術	同作業	國語
金	唱歌、體操	算術	國語	國語
土	修身、體操	圖畫	展覧會	

○一時間の長さを四十分とし休憩時間の排列にも工夫した。

○話方は修辭練習が直接の目的でなく日常問題の發表を第一とし語彙擴充にも努めるのである。聽方よりも話方を特設することが低學年教育に大切である。

○算術、同作業とは低學年算術は事實算勘定、遊戯的數生活であるから、形式算や問題主義による他の學年の算術とは趣を異にすべきであるから、二時間限をとつて適宜に行ふのである。

○國語は直觀、綴話、聽方、讀方、書方、郷土敎育を行ふもので、主として兒童の自發活動によつて學習又は創作活動をなさしめるのである。

○展覧會とは週末の整理であつて、綴話、手工、圖畫、等の成績を陳列して鑑賞し學習劇等も此の時に行ふのである。

〔第二學年第二學期〕

	第一時（十分休憩）	第二時（廿分休憩）	第三時（十分休憩）	第四時（晝食）	第五時（三十分）
月	話方	算術	同作業	唱歌	讀書
火	修身	算術	國語	國語	
水	直觀	國語	國語	體操	
木	修身	算術	同作業	圖畫	讀書

金	算術	國語	國語	體操	唱歌
土	國語	國語	手工	展覽會	

此の日課表制定の精神も大體前記尋常一年のものと同樣であつて、低學年に於いては國語の時間を如何に有効に利用するかによつて成績は非常にちがふのである。

三　法令の精神をくんで新教育を實施する時間割

(尋常一・二學年)……第二學期

	第一時	第二時	第三時	第四時	午後放課生活(一時間位)
月	修身(說話、話方、作法)	數生活を中心として直觀作業、遊戲の綜合指導			
火	國語生活を中心として直觀、唱歌、作業、遊戲の綜合指導				
水	修身(說話、話方、作業)	製作を中心として直觀發表の綜合指導			
木	直觀及數生活を中心として製作、遊戲、發表の綜合指導				

金　國語生活を中心として直觀、發表、唱歌遊戯、作業の綜合指導

土　製作發表を中心として國語、數生活の綜合指導

此の日課表は教授時數を大體第四號表に準據し、一方には教科未分の狀態にある低學年兒童の心理的事情に應じて全體教育を實施しようとする趣旨である。先づ教科目を道德訓練に關するもの、知能に關するもの、體育遊戯に關するものの三つに分ち、知能に關する教科目は國語、數生活、表現とし、出來るだけ多方的に發展する題目をとつて綜合教授を實施する計畫である。例へば國語中心の指導題目を「桃太郎」を定め、教科書を取扱つて讀方、話方を授け、綴方、書方、圖畫手工、唱歌、遊戯劇等を此の題目中心に綜合指導を行ふ如きである。

現今の制度に準據して分科以前の教育をするとすれば斯る工夫もしなければなるまいと思ふ。然して兒童の生活題目を中心に活動させて之によつて所期の目的を達しようとすれば毎週の各科教授時數は必ず四號表に一致するといふわけにはいくまい。

四　生活教育の時間表

毎週の教授時數と教科過程の精神は施行規則に遵據し、一方には兒童の生活に應じて生活指導表を作らうとするものがある。此の案によれば教科目の名稱によつて日課表を定めるのでなく「桃太郎」・「お庭掃除」・「まり入れ」・「かざぐるま」・「お話」等の題目と其の活動樣式とを豫定するのである。毎週の生活指導表を立案するには

1、題目は郷土兒童の生活及環境、國定教材等から選擇すること
2、題目を排列するには其の題目の指導項目と所要時數とを豫定しておくこと
3、兒童の活動の場所、方法、疲勞、學習經濟を考慮すること
4、他學級との時間の關係を深慮すること

の諸點について遺憾なきやう注意しなければならない。

毎週の生活指導表を定むることは低學年教育では甚だ大切なことで、斯うしてはじめて眞の學級經營が運用されるのである。我々は次週の指導案をその前週の金曜日迄に立案することにして來た。之を家庭へも通知したことがある。か

うして低學年教育を經營して見ると從來の教育が如何にも形式的で兒童も教師も其の形式の爲に引きづられ、全然生命のこもらぬ生活を繰りかへしてゐた事が本當にわかつてくるのである。

第三章　尋常一年入學當初の學級經營

一　入學式前後の取扱

(一)　入學式前の兒童を招集

新學期の始まる前に町村役場では學齡に達した兒童の保護者に就學の通知があるから、どんな家の子供でも其の四月から入學することを知つてゐる。學校でも新學年の準備は遲くとも三月初頃から開始せねばならぬ。學級編制、學級擔任を決定して三月上旬には四月に入學する兒童を保護者同伴で召集するがよい。當日保護者及兒童を一堂に集めて(一)教科書、學用品の準備すべきことを話し、保護者の質疑について懇談し、(二)校醫に身體檢査をさせてトラホーム其他の傳染病患者には入學する迄に治療するやう注意しておくがよい。

此の時數量觀念や言語文字等の調査をする人もあるが、學校生活に對して考違ひをさせる本になるからそれはやらない方がよい。しかし名札を渡しておいて自分の姓名の讀み書きが出來るやうに奬勵する位はよからうと思ふ。

(二) 入學式の諸準備

1、學籍簿、出席簿を五十音順を記入し、之を幾回も讀んで出來るだけ覺えておくこと。三四度讀んで後、その兒童の顏を見ると四五十人の名は一二日で覺えることが出來る。

2、兒童生年月日、住所、保護者、電話、送迎人の名、通學距離の一覽表

3、敎室の準備は机腰掛を高さの順に配列して淸潔にして整頓する。高さの順に並べるのは翌日身長順に兒童の席をきめるに好都合なからである。

4、幅五糎長さ七糎位の木札を兒童數だけ用意して兩面に片假名と漢字で名前を書くこと、これは入學當日各自にもたせるのである。

5、下駄箱、傘棚帽子掛もきれいに拭つて女兒は桃色、男兒は黃色等の色紙の小札に名前をかいて男女別五十音順に貼つておく。

6、教科書、學用品及び携帶品の一覽表、始業時刻及放課時刻、同級の兒童及保護者一覽表を謄寫して父兄にわたすことが出來るやう準備する。

(三)　入學式當日の取扱

1、保護者同伴で兒童を定刻迄に登校せしめ、受付係は名札を保護者にわたし、控室へ案内させる。

2、定刻に控室に於いて點呼し男女別に整列させる。出來たら此時身長順に揃へて敎室へ案内し、高さの順にならべた机につかせ各身の席を大體定め、名札と持物を其の机の上におかせるのもよい。

式場に入る前に便所に行かせないと思ひがけぬ失敗をまねくことがある。

3、入學式には學校長の挨拶と受持敎員の紹介を要する。

4、入學式後受持兒童を引率して保護者と共に敎室へ同伴し、机につかせる。保護者の席は敎室の兩側と後方に定める。

5、一度姓と名を讀んで明瞭に「ハイ」と大聲で返事をさせる。次に十五分位の間簡單な話をきかせる。

一、今日から此の學校の賢い生徒になつたこと。
二、受持教師の氏名をしらせること。
三、父も母も兄妹も皆學校で勉强して賢い人になつたこと。
四、學校には砂場、遊戯場、繪本、珍しい物が多くあつて、お友達が多いので面白く遊ぶことが出來ること。
五、皆はえらい人になるのだから、先生に斷らずにだまつてかへつたり、遊びに出來かけたりしないこと、又學校をやすんだり、泣いたりしないこと。
六、家へかへる時途中で道草しないこと。
6、保護會は遲くとも五月下旬迄に開くわけであるけれども當面の心得だけ話しする。
一、校長、擔任教師の氏名紹介、
二、始業時刻退校時刻、
三、學校でやらせる重なる仕事と、學級經營の方針の大要、
四、學用品教科書(古本は出來るだけ使はせぬ)の準備すべきこと。

五、服裝（帽子、手拭、鼻紙、制服、履物）。
六、所持品には必ず名前をつけさせること。
七、缺席の時は電話、手紙、口頭で屆出すこと。
八、毎日の送迎のこと、朝登校前に用便をさせること。
九、準備しておいた教科書學用品一覽表、保護者及兒童氏名表、等を分ける。
一〇、保護者の希望を聽取すること。
7、保護者と兒童を案內して校舍內外の一巡
8、出來ることなら、敎師父兄兒童一團になつて入學記念の寫眞を撮る
9、兒童を保護者に渡して「さよなら」とはつきり挨拶させて退散
10、缺席兒童の處理をつける。

二　入學後一週間の取扱

第二日（三時間）
1、敎師は始業前早めに登校して兒童の登校を敎室で待つてゐる。「先生お早うご

ざいます」と挨拶することを教へる。机の座席靴棚、帽子掛の場所の忘れたものに教へて自分で始末させる。
2、豫鈴で教室へ集め、用便をすませて朝會の場所を見學させる。
3、今後毎朝出席簿の順名前を呼び返事の仕方を練習させ、教師は名前を覺える。
4、朝の挨拶敬禮の仕方を教へる。「おはようございます」と挨拶して敬禮するのがよからう。
5、學用品の使方、整頓の仕方を指導する。
6、廊下で並び方の練習、
7、下足箱・傘置場、帽子掛の使ひ方整ひ方を知らせ、他人のが落ちてゐたら直しておくことも知らせる。
8、便所の使ひ方、水道の使ひ方、手の洗ひ方等を心得させる。
9、校舍内外の巡視殊に斷りなく門外に出ないことを知らせる。
10、内容の變化の多い童話をきかせる。
11、挨拶の仕方「行つて參ります、」「かへりました」。「先生さよなら」練習させて歸す。

教師は校門まで送り出し「明日朝遅れないやうに」と注意する。

門まで送りとゞけることは非常に有意義のことである。

第三日目(三時間)

1、前日と同様教師は兒童の登校を待ち挨拶を指導する。

2、豫鈴で教室に着席、便所、列方練習、朝會見學、氏名點呼、下駄棚傘棚、帽子掛の練習、机の中の整頓、

3「私のとし」といふ題で年の數だけ○をかゝせる。「年の數だけ花をつませてそれを首かざりにする。」「年の數だけ勳章を作らせる。」等、をして製作品は紐に吊させるのもよい。

4「私のお友達(舊い友達、新しい友達」といふ題で遊戯場で既知の唱歌を歌ひ、又砂遊び、積木トンネル造、自由遊戯等をさせる。

5、始末よくして歸ること、校門まで送りとゞけること、

第四日目三時間)

1、前日同様練習する。

2、「花壇の花」花畑の美しさ、庭園の作業を等觀察させる。敎室で花の歌を口授し、各自の經驗を自由に繪話にかゝせ、花壇の直觀發表を奬勵する。一字でも知つてゐるものには奬勵してかゝせる。

3、鉛筆のとぎ方、クレイヨンの使ひ方を敎へる。出來た繪で展覽會をする。兒童のノートは罫のないのを一冊だけもたせておくがよい。

4「私の名」の書方を練習させる。よく書ける兒童にはその名前の字を頭にもつ語句を集めさせる。それに一つ一つ繪をかゝせてもよい。例へばシマサキのシのつくシシ、マクラ、サクラ、等と出來るだけ多く書かせる如きである。

5、童話をきかせてかへす、前日同樣挨拶して門まで送りとゞける。

第五日目(三時間)

1「お話ごつこ」。各自の經驗談(例へば昨日のこと)を話させる。概して小聲であるから輪形に集つて聞くがよい。敎師は其の話の中に修身的指導の題材をさがし、學校へ來て仲よくすることよく仕事をすることを聞かせる。

2「算術カード」の製作とその遊戲、名前の書方練習も同時に行はれる。

第六日目(三時間)

1「ハタ」國旗を作らせ數へ方唱歌を教へ外で旗の遊戯。

2「ハタトリ」其他の事項を自由に綴話にかゝせ「ハタ」の二字及兒童の質問に應じて文字を教へる。五十音圖を用意して掛けておく。

3、姿勢圖によつて姿勢を正すこと。

以上入學當初一週間の教育案例を示したのである。勿論土地・學校、教師等の事情によつて方法を異にしよう。しかし、入學當初の兒童を取扱ふに最も心すべきことは(一)きまりのよいたのしい學校といふ心持。(二)唱歌と遊戯と製作を多くすること。(三)一人一人を相手にするつもりで取扱ふこと。(四)兒童調査をはじめることである。

第四章　低學年道德生活の指導と修身教授

一　低學年道德生活指導の方針

（一）要旨　低學年道德生活の指導は教育に關する勅語の旨趣に基いて、兒童の德性を涵養し、日常生活に於ける道德の實踐を指導し、善良なる習慣の養成に努めるを以て要旨とする。

（二）教材　國定教科書の外兒童の生活事實に教材を求め、童話、實話、假話を利用し、實踐に適切なる近易の事項を選ぶ。

（三）方法　初めは教科別の教授法によらずして直觀遊戲、談話、實行、作業の間に道德生活全般の向上を圖り、機會に應じて說話し、反復訓練して良習慣の涵養に努める。漸く進んで機會教育の外に時間を定めて兒童の生活事實に基き、道德的事項の直觀を重んじ、道德的理想を明かに畫かしめて之を實現せんとする欲求を盛ならしめ、實踐を指導して善良なる習慣の形成に努める。家庭と協力し兒童の好意の情と自己節制とを利用して自治生活の向上をはかり特に個人自治の訓練を行ふ。

（四）注意

1、兒童各自の習慣性向に應じて一歩より一歩へと善導することは低學年道德生

活指導の要諦であつて「母が胸にあるが如き」教師に對する親しみと信頼は德性涵養の根本である。

2、兒童の模倣性、活動性、名譽心、教師に對する好意、自制心を利用し、上品、元氣、快活、圓滿なる級風の振興をはかる。

3、道德的知識の暗記よりも實踐を重んじ、又力めて自律的訓練の素地を養ふ。

4、教科書の教材より出發して兒童の生活を指導するよりも、兒童の日常に材料を求め、必ずしも教科書教材の順に遵はずして生活指導のために之を利用する。

5、日常生活上の事實を重んじ、團體活動を圓滿に遂行する能力の陶冶につとめる。

6、社會的公民的教材については兒童の生活を基とし、其の要點を理解せしめる。

7、消極的なる訓誡事項は積極的作業事項に改め「紙屑を捨るな」よりも「紙屑をひろへ」の如く訓へる。

(五)低學年において完成しようとする自治習慣の範圍

1、學用品携帶品は自分で登校前に用意すること

2、保護者の送迎なくとも元氣よく登校下校し途中で道寄道草しないこと

3、學校にあつては何れの集合時間にも遲刻しないこと
4、街路の横切方と左側通行を正しくすること
5、自分の机、靴棚の淸潔整頓をすること
6、手足、目、鼻、口を淸潔にすること
7、食事前に手を洗ふこと、行儀よくして食事すること
8、便所の使用を正しくし、用便の方法を心得ること
9、廊下は靜肅に左側を步行すること
10、自分及共同の用具を使用した後は必ず後始末をすること
11、奉安所の附近では殊に行をつつしみて畏敬の念を忘れないこと、新聞雜誌等に載せられた御影に對しても不敬にならぬやう注意すること、神佛に對しても亦同じ、
12、運動區域、運動用具の使用規定を守り愉快に遊ぶこと
(附記)　右に揭げた自治の範圍を完成し更に其の向上發展せしめんためには敎師は常に左の諸事項について指導誘掖しなければならない。

(1) 友達と上手に遊ぶことゝわがまゝをいはぬこと
(2) 忘れものをしないこと
(3) 正しい姿勢で學習作業をつづけること
(4) 學習用具の正しい使方を心得ること
(5) 自分の品物と他人及共同の品物とを辨へ、總て後始末をよくすること
(6) 輕躁を謹み、常におちついて勉强すること
(7) 自分で仕事を工夫し仕上るまで繼けること
(8) 自分のことは自分ですること
(9) 親を大切にし親のいひつけを守ること兄弟は仲よくすること
(10) 人に迷惑をかけないこと、親切にすること
(11) 正しく應答し、行儀よく挨拶すること、不作法はやめること
(12) 敎室の整頓裝飾學級花壇の淸潔等進んで手を加へること
(13) 公園、停車場、街路等の規則を守ること
(14) 生きものをかはいがること、美しいものを破壞しないこと

(15)品物は丁寧に取扱ひ、すべて浪費を省くやう心掛けること

二　教科未分時代の道徳教育

(一)生活中心の修身と訓練

從來の道徳教育の方法は修身教授と訓練とがあつたが、兩者が別々に行はれ勝で、併も兒童の生活に即した教育が出來なかつたので實績が思ふやうに上らなかつた。元來低學年では系統的な道德上の知識を授けることを主とするのでなく、良習慣を養ふことを第一の目標としてゐるのであるから、修身教育は總て生活中心でなくてはならぬ。又兒童の道德意識の發達から見ても修身科を特設して道德的知識を習得させてもあまり効果がない。それよりも學校生活即訓練の方針の下にあらゆる機會に修身訓練一致の指導をする方が効果が多い。

(二)道德的事項の直觀を豐かにすること

道德觀念が發達するには「斯うするのは惡い」「あゝするには善い」といふ幾多の事例に遭遇しなければならない。抽象的な言葉で「善い事は進んでやれ」「惡いことは

やめよ」といつても其の内容のわからない低學年の兒童には効果がないのである而して其の事例は自分及級友の間に行はれた行爲が最も有効で、其他善良な行爲を示した掛圖、新聞の寫眞、フイルムがよい。說話をするにしても敎訓を中心にしては抽象的理知的になつて徹底が少いから例話を生かして、道德的事實を目の前に見せつけられるやうにするのである。

道德的直觀を幾度も經驗する程、彼等の道德意識は發達し、道德的感情意志は鍛く强くなる。其の材料は作業場でも運動場でも、敎場でも求めることが出來るから一週に二度とか一度とかいふ時間割にとらはれず、毎日でも童話、假話史譚人物談の形にして知らせるのである。

(三)生活即道德の敎育

病氣をして休んだ方にお見舞の繪葉書を書いたり、女中の仕事を研究して報告したり、お宮の樂書を消しに出かけたり、花壇や飼育動物の世話をしたり、若しくは「母の心」の劇を實演したり、自分の机の整頓、敎室の飾附を工夫したりすることは低學年に於ける道德敎育の最も有力な方法である。道德的行爲だけを考へて見る

ことも大切であるが、日常の生活が血の通つた道徳生活であるといふことは他の如何なる方法も及ばない効果があるのである。

三　全體敎育から修身科の特設

低學年敎育は生活中心の方法によつて道徳的意識の發達をはかり自治訓練の素地を培ひ、良習慣の養成につとめるのであるが、道徳意志が發達したならば、修身科を別に設けた方がよい。我々の經驗によるに、低學年の間は機械的記憶が旺盛な爲に例話の暗記はするけれども、道徳意志が目醒めて選擇的に道徳的行爲をしようとする傾向は表はれない。

それが尋常三年になると、殊に女兒には彼等の道徳的自發活動がだんだん現はれるやうになる。敎師が居らなくとも敎室内の紙屑を拾ふことが善行であると信じて始末したり、一年の兒童の世話をしたり、水道の栓をとめたり、自分の机の蓋の裏に整頓記錄表を作つて毎朝○か△をつけたり、するやうになる。四年になると更に進んで仁丹廣告の格言金言を集めたり、座右の銘を作つたりするものさへ

間々出て來る　此の狀態が修身科特設の可能を示してゐる證據である。低學年にも善良な行爲があるが其の動機を觀るとまだ選擇的目的活動となつてはゐない。教育は兒童の心意の發達に應じなくてはならぬ。道德的意志の發達も認められない以前に修身科を特設して道德的目的活動をさせようとすることは無理なことである。

修身教授の可能な心意の發達といふは第一に意志活動に道德的觀念が現はれることと第二に道德的感情を有することと第三に意志實行を伴ふことを必要とする。現代兒童心理學の示す所も又道德意識並に感情は十歳前後にならなくては發達しないとされてゐる。勿論生後二十ヶ月位の嬰兒ももらひなきといふ同情的行爲をする。しかし之は道德的目的觀念の入つたものでなく、反射的本能的のものであるけれども、かういふ幼い頃から道德生活の指導は必要であるが、修身教授を行ふことはまだ早い。

扨て道德意志が發達して修身教授を始めるやうになつたならば次のやうな樣式によつて實施するのである。

修身教授の諸樣式

(1) 生活事實を主題とする場合

イ、問題の決定

ロ、生活事實の反省及び發表

ハ、批判及び理想構成(時には例話に發展せしめる)

ニ、理想實現の方法及び機會の考察

ホ、整理(信念の養成)

(2) 寓話を主題とする場合

イ、掛圖等の直觀方便を揭け、具體的に說話し批判せしむ

ロ、格言訓示の利用(道德的確信の樹立)

ハ、實踐上の工夫を爲さしめ指導を行ふ

(3) 人物例話を主題とする場合

イ、例話を提示して德目を明示す(直觀的具體的)

ロ、德目の內容を審議して自己生活の考察發表

ハ、實踐上の工夫をなさしめて德目への考察(信念の樹立)
ニ、實踐の指導

(4)皇室に關する敎材の取扱(公民的知識に關する事項亦同じ)
イ、敎材の指示、兒童の既有知識の喚起整理
ロ、敎材の講話(最近の御事實を調査すること)
ハ、欽仰すべき諸點の明示
ニ、臣民の心得明示

(5)作法敎授
イ、問題の決定
ロ、兒童の試行により動作を爲さしめる
ハ、好惡適否の判斷
ニ、示範及說明
ホ、練習批正

四　操行と修身科の成績考査

成績考査は家庭へ成績を通知する爲に必要なばかりでなく、敎師の反省資料として行ふのである。修身と操行とは殆んど考査の内容が同じいやうなものであるから操行の評點をつけて修身の成績をつけないものもあり、又其の反對に操行の評點をつけない人もある。

操行は志操・行爲の全體を含んだもので修身科とは直接關係する部分は多いが其の他諸學科、學校生活、家庭生活、社會生活の影響をも含んでゐるのである。故に修身敎授の効果がそれ等の影響により減殺されたり、增大されたりする可能性がある。

修身科は道德的知識を敎授するのみでなく、其の實行を督勵するのであるから、若し本科の理想的答案を求めるならば敎授した事項の體驗を以て答へなければならぬ。

低學年に於いては道德生活の指導はするが、德目によつて修身敎授はしない。しかし低學年の間に仕上げねばならぬいくつかの習慣事項がある。それを標準

にして修身の成績を考査すればよい。操行の成績は志操行爲の綜合的判斷を表はすことになるのであるが、多くの場合修身の成績と一致するであらう。

第五章　低學年國語生活の指導

一　低學年國語教育の方針

(一)要旨　國語教育の企圖するところ左の如し。

1、正しく發音すること　(例)ひ・し(ヒト・シト)、し・す(シズカニ・スズカニ)、え・い(カヘル・カイル)、だ・ら(ラッパ・ダッパ)

2、自己の思想をわかりよく話すこと

3、語彙を擴張して應用を自在ならしむること

4、文字の讀方、書方、使方を習得すること

5、文章を讀解して其の意味を正確に捕へること

6、讀書の趣味と良き習慣を養ふこと

7、思想感情を文章によつて發表すること

8、其の發達に應じたる文學的教養の啓發につとむること

9、國民的志操の感情の陶冶につとめること

10、日常生活の智能啓培に資すること

(二) 教材　兒童の直觀生活、經驗の內容を發表の材料とし、讀本は尋常小學國語讀本を用ひて尋常小學讀本を副讀本として使用する、尙自由讀物として適當な讀物を採る。兒童の讀物は學級文庫並に兒童圖書館に備へる。

(三) 方法　初めは敎科別の敎授法によらずして、兒童の直觀、發表、遊戲、作業、自由讀書及び敎師の談話の間に言語の使用を自由ならしめ、假名を授け發音を正し、思想發表と理解に對する趣味を養ひ以て國語生活の素地を啓培す。漸く進みては話方、綴方讀方、書方の順に漸次分科して組織的に指導をする。

(四) 話方

1、話方は言語發表の興味を養ひ其の使用を自由ならしめ、聽方の修練につとめ、併せて思想の啓培を圖るを以て要旨とする。

2、話方の材料は自己の生活經驗、及び童話其他讀物の內容等自由に選ばしめる。

3、時間は每週一時間以上行ふ外、直觀、綴方、讀方は勿論他の敎科目を授くる場合

に於いても言語發表練習に注意して指導する。

4、話方指導に就いて特に左の諸點に注意する。

(一)話し方を有効ならしむるには修辭法の練習よりも話の題と談話の内容を豐富ならしむるやう指導する。

(二)言語生活の基礎を養ふには直觀生活を指導し、兒童相互の言語生活に留意して機會ある每に其の發表練習に努め方言訛言及びアクセントは漸を逐ふて訂正し敎師及兒童相互の協力により標準語使用の級風を建てる。

(三)聽方の練習に於ては談話の要領を明確に把捉するやう指導する。

(五)綴方

(1)、綴方は思想發表の興味を養ひ明確に自由に發表するの能を啓培し、思想の充實深化につとめ、創作的表現を誘導するを以て要旨とする。

(2)發表の材料は主として自己の生活經驗の內容により、必要に應じて發表の要項及形式上の事項を授ける。

(3)初めは發表の題材、方法を自由選擇とし、繪畫、童謠、對話、說明等によつて表現せ

しめ話方とも聯絡して旨趣の明瞭なる發表の態度と興味を養ひ、言語及文字の使用になれしめ文章記述の基礎を涵養する。

綴方の指導は文章記述の指導と文章鑑賞の指導により、時に文話を行ふ。 尙補助練習として筆寫練習を加へることがある。

記述の指導は一般發表能力の修練と生活内容の洗練をはかり、鑑賞の指導は文の味方を知らしめ思想の啓發と文章觀の樹立につとめる。

(4) 綴方指導の一般様式を次の如く定める。

1、記述發表の場合

イ、取材指導(特に時間を定め、又は取材帖を携帶せしめて指導することがある)
ロ、腹案指導(發達の階程に應じ記述の内容目標等に關して適宜指導する)
ハ、記述訂正(十分に記述を盡して自己訂正をする)
ニ、敎師の批正(成績の缺陷を指摘し又は補成し内容の洗練深化に導く)
ホ、推敲添削(指摘されたる所及自己の反省により添削し、敎師は個別指導をする)
ヘ、紹介批評(成績を全體に紹介し批評を行ふ)

2、**文章鑑賞の場合**

イ、文章の提示(比較討究の場合は二個の文章を提示す)

ロ、讀解指導(內容の理解感得、文の硏究)

ハ、討究(文の趣旨、心持、作者の態度、作意、表現等につき各自の信ずる所を發表討究)

ニ、玩味指導(心境の開拓、表現の妙味、文話、性情陶冶)

ホ、批判(批評、感想の發表)

(5) 綴方指導に於いて特に注意すべきことは左の通りである。

1、綴方の趣味と進步は題材の豐富如何にかかることが多く、題材の豐富は生活直觀の指導如何によるのである。

2、繪話式の表現は展覽會の形によつて其都度鑑賞し、つとめて文章の內容に興味をもたしめる。

3、生活本位の表現を企圖し、進んで個性の發揮、創作的發表の誘導につとめる。

4、低學年のことなれば、經驗のまゝありのまゝの發表を重んじ表現の稚拙は寬大に取扱ひ、やゝ進んでは具體的精叙を重んじ內容を遺漏なく叙寫せしめる。

5、兒童の成績中より參考文例を蒐集し讀聞せて其の暗示を利用する。
6、推敲、批評は發達の階程に應じて適宜考慮して行ふ。

(六) 讀方

(1) 讀方は正しく發音し朗讀し、文字及び語句の意を確實に收得し、文章の讀解力を養ひ、兼ねて文學的教養と智德の啓發につとめ讀書の趣味と習慣とを涵養するを以て要旨とする。

(2) 尋常小學國語讀本及び尋常小學讀本は初めは國語全體教育の一材料として、取扱ひ讀方教育開始後は其の主要教材として使用する。兒童讀物は教師に於いて選擇して備付け自由讀書の用に供す。

(3) 讀方教育の樣式。

1、初步の讀方指導

イ、教材提示

ロ、自由音讀後等兒には通讀の後挿繪の說明記述の如き作業を課し、個別指導)

ハ、讀方、發音、讀解指導(問答し乍ら一節宛板書しそれについに指導する如き方

法もある。

ニ、讀方指導(文字と音と意味の一致するやうに)

ホ、讀解發表の指導(豊かに聯合せしめ直觀と言語の一致につとめる、發表は話方、記述、繪畫)

ヘ、練習應用(朗讀指導、聽寫練習類似文との比較)

2、稍〻進みたる讀方指導

イ、教材提示

ロ、素讀指導

自由下調(文字、語句、叙述、内容等に關する質問指導)

讀解檢索(内容列擧、あたりをつけさせる、下調の處理)

ハ、精讀指導

讀方指導發音、讀方、批正、範讀)

讀解指導(具體化と豊かなる聯合、文意の約出、—文脈の吟味、節意の括約討究)

鑑賞誘導(眞意眞情の玩味、心情の表現—朗讀、動作化の如き)

ニ、練習應用發展

讀方練習

書取語句の應用、内容の整理、研究問題の作成、繪畫による發表、文章改作、及び

應用文の讀解比較

3、讀方自由研究の指導

イ、學習題目の決定(學級は進度を大體同じうするを本體として別に個人進度

分團進度をおくことがある)

ロ、素讀指導(讀方是正、質疑指導)

ハ、研究問題の決定(個人又は各分團について指導する)

ニ、自由研究(各自又は相互間で自由學習質問指導、參考資料提供)

ホ、發表討議(學習事項の發表及び相互討究)

ヘ、玩味考察(主として教師の啓發)

ト、應用練習(各方面の練習及應用を兒童相互に於いて行ふ)

(3)讀方教育上特に注意すべき事項

1、低學年の讀方教育は文章と言語と生活經驗の實感の三者を一致せしめ、讀解力の養成と讀書趣味の養成を旨とし、內容要約と文章鑑賞を重んじ、漢字偏重、換言萬能の弊を避ける。
2、低學年の讀解は內容を豊かに讀み取ることに留意し具體化と多方的なる聯合を重んじ、進むに從ひて深く汲みとる指導を行ふ。
3、語句の解釋は內容の具體化實際化及その使用の場合の擧例により、つとめて適切明確なる理解を得しめる。
4、漢字の取扱は讀方教育に於いては讀むことを本體とし、書くことは漸を追つて收得せしめ、書方教授に於いてもその指導を行ふ。
5、常に兒童の自發學習と相互研究を尊重し、教師の主觀を强ひることなく、理解感得の程度に應じて切實なる補導につとめる。
6、文章朗讀は發音を明瞭ならしめその內容に應じて適切なる要領を指導する。
7、默讀は强ひるを要しない。
8、學習の速さ、確さは、能力に應じて適應の指導を工夫する。

(七)書方

1、書方は讀方教育に於いて讀習つた文字を正しく速く、且つ美しく書く能を得しめ、兼ねて文字の書取を練習しその用法を授くるを要旨とする。

2、低學年に於いては毛筆書方を課さず、鉛筆書方を行ふ。

書方の教材は既習の讀方教材から採る。

二　國語力を低下せしむる原因

低學年の國語の力を低下せしむる原因の主要なものを考へて見よう。我々は今國定教材の缺陷を一々數へてゐる必要はない。それは教材には不滿な點も多いが教材の不滿を述べた所で國語力の低下を救ふ方法とはならないのみならず、又其の主因は教科書の缺陷を生かそうともしない教師に其の責が多いと思はれるからである。

(一)兒童の生活と國語とを分離して取扱ふ弊害

我々は兒童の國語力を高めようとして「文字力の増進」「語彙の擴張」「明瞭巧妙な

る發表」「讀書力と讀書趣味の涵養」「文章發表の上達」を暫くも忘れないでゐるが、兒童の生活からきり放した形式的な國語力の陶冶のみに專心になつてはゐないか、假名の書取や敎科書の空讀練習ばかりやらせてはゐるのではないか、我々は子供の頃勉强といへば十分讀み得るやうになつた所でも幾度も聲を上げて讀むことだと思つてゐたが、今日の國語敎育も兒童の生活とは關係なしに行はれてゐるのではあるまいか。我々は國語を授けようとする態度を强くしてはいけない。國語を授けるのではなく、彼等の國語を先づ整へて發育させようとするのでなくてはならぬ。文字や文章も彼等の國語生活の道具に提供するといふやり方がよい。かうして行けば文章の趣味も讀書力も發表力も語彙も發達する。

(二)指名讀、一齊讀の弊害

指名讀を多くすれば劣等兒が增加する。一齊讀を始終やつてゐると兒童の讀方の態度が惡くなつて讀癖がつき、文の音聲化ばかりをやつて意味化の訓練が出來なくなる。指名讀をさせる時他の兒童には文字に指をさゝせてゐるから差支がないといふ人もあるかも知れないが「文を讀む」とは他人の發音につれて一字一

字見ることではない。一字一字を自分でまとめて一語として印象する努力が必要なのである。又假名讀の困難な間は字形から發音を憶起する苦心が必要である。此の苦心があつてこそ讀方は上達するのである。

(三)音聲化と意味化の不一致

低學年の讀方は音聲化と意味化の一致をはからねばならぬ。讀方の劣等兒は「アシタハヤスミ」。といふ文があつても其の一字一字を覺えてゐない爲に讀むことが出來ない。又一字一字が讀めても「アーシータ ーハー……」では言葉にならないから意味化が出來ない。低學年の讀方は文があつたら正しく發音し、其の意味をとることに努めねばならないのである。氣短かな教師は速効的方法として朗讀及書取練習をやらせるだらうけれども、文字や朗讀の練習は出來ても意味化の態度を失つてしまふ。又低學年に默讀教授をやつてゐる人もあるが之は文章をたしかに讀む修練の上によくない。

(四)劃一指導の弊害

低學年の學級擔任は種々の能力調査をしなければならないが、就中讀書の速さ

と其の正確さ、文字書寫の速度の調査をして見なければならない。一定時間に三度通讀して正確さ五點といふ兒童もあり、たつた一度讀んで正確さ十點といふのもある。斯ういふ調査をして見ると劃一的方法の不可なることが直ちに了解される。能力適應の指導については後に述べることにする。

(五)雄辯術の練習をさせると話方きらひ話方劣等兒が出來る。

話方は是非やらさなくてはいけない。一週二回以上は是非實施するがよい。話方の練習をしなければ語彙は貧弱になり、發表欲は消衰し、學習指導上訓練上甚だ不利になる。此の頃の兒童は甚だ無邪氣で話といへば我先に飛び出すものであるが、雄辯振を指導しようとすると兒童はひつこんでゐてどうしても話そうとしない。致し方なく教師が命ずると愈々おびへて机にしがみついても出ようとしない。教師は叱る、兒童は泣くといふ場面になつてしまふ。是は兒童がわるいのでなく教師の方法がわるいのである。

第一聲が小さいから全體にわからせることが出來ない。聲を大きくと注意しても小供には大聲を出すと不自然になつて話しが出來なくなるのである。小聲

の話は腰掛を持出して聞きとればよい。

第二話をきらふ原因は話の種がないからである。童話でなくては話でないやうに思はせることもよくない。「昨夜電燈の消えた時」「ポーシのとんだこと」といふやうな題材を生活の中に發見させてそれを發表させるのである。

第三低學年では話振について批評するのもよくない。聲が小さい、身振がたりない、わからないといふ批評は甚だ苛酷である。教師は話した勇氣をほめて内容上及用語上の一二について説明する位がよい。

三　國語學習の三基底

(一)生活内容の培養

各種の經驗に觸れ生活内容が充實してくれば發表活動が盛んになり、他人の思想を理解することが出て高い生活を營むことが出來る。低學年國語教育の一大任務は豐富なる生活内容を得しめることである。而して其の計畫は直觀指導、聞方指導、多讀、實地經驗によつて果されるのである。

1、直觀指導　直觀は知識構成の門戸であり、想像活動の源泉であり、又感情生活の根源である。直觀なき言語は空虛である。直觀の材料は讀本にあるものにとゞめずに自然、人事の各方面に亘り全生活に求めねばならぬ。直觀の指導原理は前にも述べておいたが、兒童の實感を尊重し發表せしめて徐に指導し觀察點の指示も最後にするがよい。そこで兒童の觀察は自由にして獨創的になるのである。直觀指導について特に注意すべきことは言語に聯結せしむることとである。

2、聞方指導　兒童は話を好む。言語なき直觀は又無形であるから。實させようとする自然の欲求である。それは彼等の生活に空隙が多いからそれを充來れば道徳的、科學的な内容も得させることが出來る。

3、多讀　平易な材料を廣く讀ませることは思想充實の方法である。文庫を設けて自由に讀ませ、其の要點を何等かの形に表はさせて健實な讀書態度と趣味を養はねばならない。

4、實地經驗　健實な思想は實地經驗の所產である。鄕土旅行、生產活動、遊戲等

は所謂實地經驗であつて、國語陶冶の重要手段である。

(二)旺盛なる發表活動

兒童の思想は發表活動によつて鮮明となり、彼等の文字力も言語力も發表によつて發達する。低學年の讀方綴方の劣等兒の多くは文字を自由に使ひ得ないからであるがこれは文字教授法がわるいのである。文字は書くことによつて習得させた方が最も確かにして習得が早い。此の要領でやれば尋常一年の前半期に片假名平假名を習得させることは左程困難でない。今日の兒童讀物は多く平假名で書いてあるから平假名の習得は國語學習に一大進化を來すのである。其の方法は至極簡單での五十音表を教室にかけておいて先づ縱横に暗唱させその字を見ては自分の思ふ事柄をどしく\書かせるので暫くの間に習つてしまふ。文字の書けない時分は繪で表はし、次に文字で説明をかき、出來上れば相互交換をしたり展覽會を開いたりする。文章力はかうして益〻進み、同時に讀書力も養はれる。

(三)讀書趣味と讀書力

話方については前項に於いてのべた。

讀書力は思想開發の鍵である。讀書力をつけるには讀物に對する興味を養はねばならぬ。それには與へられた教科書だけでは到底其の目的を達することが出來ない。家庭の了解を得て古い書物でもよいから適當な讀物を集め撰擇修繕して學級文庫を作るにかぎる。讀書の趣味が出來れば思想は豊富になり讀書欲は往々盛んになつて國語學習の根底を築くことになる。のみならず高學年に進んで參考書について獨自研究をする場合の根本の力となるのである。

四　分科以前の國語教育

(一)生活的國語教育

兒童の入學當初から抽象的な教科目の時間割を實施することは彼等の全體的自然な目的生活の態度を破ることは屢々述べた事で私のとらぬ處である。此の頃兒童生活は遊ぶこと、作ること、聞くこと、直觀すること、眞似ることで、具體的な内容を中心にする活動である。そして之等活動の半面には國語生活を營んでゐる。國語生活といへば讀本を讀み、字を書くことのみだと考へるのは大間違で兒童は

三才の頃から國語生活をはじめ入學する頃には四千語以上の語彙に達するのである。併も學校のやうに組織的に習得したのでなく幼弱な頭腦で、自然の生活の間に習得たのである。兎角三ヶ年の間に四千に垂んとする語を習得する事實で自然の教育力の偉大さに感心するのである。今や低學年の分科以前の國語教育は文章や文字を窮極の目的に活動せしめることは無理であるとわかつた。そして兒童自然の目的活動を中心に生活せしめ其の間に國語教育の目的を果そうとする事になつた。即ち生活的國語教育であつて其の後讀書、作文、書方の活動が順次成立した時から分科教育が行はれるやうになるのである。

生活的國語教育の實際的方法は「例へば手紙ごつこ」・「かるた作り」・「動物園ごつこ」・「繪話」・「大將さがし」・「お話ごつこ」等で、遊戯的方法、發表的方法、直觀指導、聯合指導によるのである。詳しくは低學年教育の原理に於いて屢々述べた所であるから繰りかへすことをさける。

(二) 國語全體教育

生活的國語教育から分科教育に移る前に國語全體教育の方法をとるのが自然

である。　國語全體教育とは國語教育五分科の仕事をするに都合のよいを具體的な題目によつて仕遂げようとするものであつて、其の材料は讀本の教材、兒童の日常生活等に求め例へば「サルカニ」「私の學校」の如き題の下に話方、聞方、繪話、讀方、童謠、遊戲等の國語生活をなさせるのである。　三四年にもなれは一課一課の文章を教材とし、兒童もそれを目的として學習することが出來るが、低學年に於いては文章本位でなく內容本位でなければならぬ。　其の方法も授けることを本位にするのでなく、兒童が其の內容について興味をもつて仕事をする―生活する―といふ方法でなければならぬ。　國語教育はかくの如くにして子供の生活と一致し、血の通つた國語を學ぶことが出來るやうになるのである。

(三)文字の教育

假名文字をどうして習得せしめようかとは誰もが苦心する所であるので色々の方法が考へられてゐる。

1、**範語法ではじめる方法。**　現今の國語讀本の文字教授は此の範語法から入つて出來るだけ早く文章に取りかかる方針にしてある。　範語法の要は文字の學習

は無意味な一字一字よりも一語とした方が記憶し易いこと、空なる語を授けるのでなく實物と相俟つて語と文字を授けやうとする學習原理によつたものであるから範語法によるのも一方法である。しかし敎科書のやうに讀み書き併行法をとつて一字敎へる度に讀むことも書くことも仕上る迄次へ進まぬといふやり方は甚だ迂遠であつて、それが爲に五十音を一學期もかゝつて學ばねばならなくなるのである。劣等兒も出來るのである。

2、五十音圖から出發する方法。五十音圖を提出して假名のよめる兒童に縱横によませ、漸次他の兒童に及ぼして毎日一齊に二三回づつ縱讀、横讀、を行ふ。五十音圖ばかりの讀方では兒童も倦くので範語法も加味して學習をすゝめる。かうして二三週間も五十音の讀方練習をすれば大部分の兒童は文字を習得し、習得し得ない兒童でも五十音の暗誦が出來るやうになるから敎科書の五十音圖を字引にして文を綴ることが出來る。此の方法は兒童の機械的記憶を利用したもので機械的學習に流れるので低學年には適當な方法ではないが、兒童の生活に適合するやう工夫するならば結構な方法であると思ふ。

3、使用することによつて習得せしめる方法。　此の方法には色々ある。「カルタ造り」「繪話」「頭字つくし」「學友の名つくし」等がそれである。「頭字つくし」といふのは假名を數へる度に其の文字のはじめに就く語を書く書きあけさせる如きである。　字の知らない者は敎師や友達に習つてはかかせる。

カ　カサ。　カニ。　カマ。
カツヲ。　カタナ。
カネ。　カチカチ。
ヤマ。　カシヤ。
カチヤンカチヤン。

上の如くするのであるが、之を一枚一枚のカードに書かせサタ其他色々語とまぜあはせてかるたとりをさせることも出來る。　かるたとりは校庭に兒童をつれ出して數百枚の兒童作のかるたを廣くまきちらし、「カのつくかるたを集めなさい。」といつて拾はせる。　間違を防ぐために敎師は板書して拾つたかるたの自己檢答をさせる。　私は平假名と片假名で盛んに色々のかるた遊びをやつたが、文字習得が早いやうに思はれた。

「繪話」といふのは直觀事項、童話、又は神話等を兒童に體驗させ、更に其の思想を文字と繪で書表させるのである。

4、五十音圖の作成と平假名教授。

五十音圖は一字習ふ度に一字宛表に書き込む方法が多く行はれてゐるが、あれは五十音全部を提示しておいて讀方、書方を確實に敎へた文字に一字一字朱輪でもかけるやうに改めるがよいと思ふ。一年の間に平假名を授けることの必要は前にも述べたが、片假名を大體完全に習得した頃平假名五十音表ととりかへ、其の字の横に片假名を小さくかきそへればよい。聽寫練習は平假名でも片假名でも度々やる必要がある。敎師が一句づつ口唱して優等兒の書いた頃敎師は板書すれば劣等兒はそれを見て書き、優等兒は自己訂正をする。聽寫は一字一字でなく短い文章がよい。全部の文字を練習させるには次のやうな歌を利用するのもよい。

いろはにほへとちりぬるを、 わかよたれそつねならぬ うゐのおくやまけふこえて、 あさきゆめみしゑひもせす。
とりなくこゑすゆめさませ、 みよあけわたるひんかしを そらいろはえておきつへに ほふねむれゐぬもやのうち。

五　讀方教育の經營

(一) 學習指導と學習態度の建設

(1) 豐かに讀取る態度　低學年讀方指導の第一の着眼は一語一句も其の文について廣い想像と聯想を働かせて讀ませることである。「ハナ」「ハト」といふ範語も文字を教へるだけの教材と思つてはならない。短い乍らも一個の文章語として取扱ひ、大いに直觀を働かせ、繪話の記述をさせて豐かに讀む態度を此の時からはじめねばならない。

(2) 文に即かない讀方を導いて文章讀解の態度　低學年兒童の讀方は文字を讀むことがおそい爲に文に即かないで意味を先づ想像してそれを音に表はそうとする。例へば「アメガヤミマシタ。ヒガテリダシマシタ。スズシイカゼガフイテヨイココロモチデスとあると其の下の繪を見て「アメガヤミマシタ。ヒガテツテヰマス。スズシイカゼガフイテヰマス。ヨイキモチデス」と讀んでしまふ。これは文を讀んだのではなく繪を見て意味を想像したのである。此の時代に

は無理に讀解させようとはせず、其の場面を話させ繪と文章に書表させるがよい。此の書かせる事が讀解指導の根底をつくり、同時に文字と語と意味三者が一致するやうになる。繪は自由に書かせるの模範を示すのではない。

(3) 一字讀を導いて分別讀みの態度に。前にのべた文章讀解の根底に十分の修練が積んであるならば一字一字讀んで行くやうな事にならないのであるが、兒童が文を見ずに繪を見て話をするやうな讀方をすると早合點の敎師は文を讀む時は一字一字指をさすやうにと命ずる。その結果意味を考へずに一字一字を讀むやうになつてしまふ。例へば「コノアヒダコ牛ガウマレマシタ」。を「コーノーアーヒーダ……」といふ工合になる。若しこうなつたら一字一字讀をやめさせて出來るだけゆつくり讀ませそのかはり、一語一語分別的に讀ませるのである。早口讀みは低學年讀方指導に最も弊害がある。

(4) 漢字の讀方語句の解釋 新漢字や讀み忘れた漢字で兒童を苦しめる敎師は最も拙劣な敎授者である。兒童の要求しない前に黑板に書いて假名をつけてやつてもよい。そして忘れないやうにする爲には書取練習をさせるのである。

忘れた事を叱る爲に兒童は讀方がきらひになつてしまふのである。語句の解釋は換言法を用ふることをなるべくさけて、直觀的事項を提供したり具體的に例を示して解說したりしてやらねばならぬ。

(5) 讀解と鑑賞の學習訓練　低學年讀解の訓練は第一直觀的基礎を多く求めてそれによつて解釋せしめると、第二豐かな想像聯想を働せることとである。尋常四年頃から其の上に深く讀む訓練をはじめ高學年では批評的讀方の修練をするのである。故に低學年では文を通して(一)出來るだけ具體的な場面の想定(二)人物、事件內容の順序想定(三)作者と文の目當の想定が大切なのである。鑑賞は書かれてある事柄を美しいとか、面白いとか、滑稽とかいふやうに味はへば十分である。文の奥に潛めてある人生觀だの文章の表現形式の面白さだののいふことは高學年の鑑賞事項であつて心理の發達上低學年には出來るものでない。低學年鑑賞の第一の手段は具體化、動作化、リズム化である。說話、劇或は身振表情、音樂童謠は其の手法である。

讀解及鑑賞の態度を養ふ爲には次のやうな仕事をさせる。

(イ)筆端で讀ませる。……文章にかいてある事項を讀みながら數へて書き上げること。此うして讀む訓練は讀解指導上非常に有効で、先づ文章の內容を其の順に書き上げ、後出來るだけ大ぐくりにまとめさせる。かうすることによつて文章の組織も自得される。

(ロ)場面の繪畫による表現……說明畫ではない、事柄の順序と心持を表はすのだからクレーヨンでかゝせるのである。

(ハ)劇にして上演させたる……上演させるにはリーダーを指定した方がよい。又學習劇は大がゝりな設備をしない方がよい。椅子が馬にもなれば家にも使はれるのでよい。

(ニ)文章の改作……對話文や童謠に改作させるのである

(ホ)朗讀指導……大體低學年文章の朗讀振はお話しするやうな態度でよい。

(6)問題構成と質問の訓練　文を讀んでゐる間に質問事項と讀解問題を作らせ、それぞれ黑板に自由にかゝせる。教師は質問事項を處理してから、各自の出した讀解問題を學級全體で發表討議して解決させる。文章の生命に關するやうな

よい問題には特に力を入れて文に即して讀解させるのである。

(7)書取類似文字の練習　書取のけいこは兒童の自動的活動として成立する。書取競爭は彼等にとつては力だめしの生活で「かけつくら」をするやうなものである。故に毛筆書方の時間を廢して鉛筆書方とし、同時に書取練習をさせるのがよい。毎週一時間以上は是非やらさなくてはいけない。

其の順序は(一)讀本について指で一字一字文字の筆順練習(二)鉛筆でノートに練習(三)二三人宛組を作つて練習(四)相互に採點して敎師に提出。といふのがよい。

類似漢字は漢字の書取練習をさせる際に練習させるのである。例へば「村」と板書して之に似た字を各自のノートに書いて假名を付けさせる。兒童は色々の讀物で習得した木編の文字やすのつく文字を書きならべる。後一人一人發表させるのである。此の趣旨は漢字を新に敎授するのではない。過古に於いて習得したものを確かして用法を知らせるのである。

(二)讀書趣味の養成

讀方敎育と讀書生活とは密接な關係はあるが、從來の讀方敎育だけでは、讀書生

活の指導は出來ない。兒童の讀書生活の始る時期は指導法によつて一定しないが文章の內容に趣味を見出して興味にのつて讀みつゞけるやうになれば讀書生活が始つたのである。尋常一年の間にそういふ態度が始る筈であるが、不幸な兒童の中には卒業する頃になつても讀書生活の成立たないものがある。かうして讀者趣味も知らず一生を不幸に終らねばならないのであるが、その原因は教科書にとらはれて兒童の讀書生活の成立を阻止した爲である。

讀書生活が始ると讀物を選擇するやうになる。始めは挿繪、題目、文字の配列等を見て面白さうなものを選出さうとする。讀みかけも面白くなければ中止する。一度聞いた話はかなりむつかしいものでも讀んで行くのも此の頃の特色である。讀書生活の成立する爲には(一)是非文庫が必要である。(二)讀書時間を設けねばならぬ。低學年の讀書繼續時間は三四十分であるから讀物を選擇するに十五分位かゝると見て大體一時間を一時限とするがよい。

讀物の文章は短いのがよい。長編文は全體の見通しが出來ない爲に讀書になれてからでなくては困難である。

文字は出來るだけ大きく、四號活字以上でなくては目によろしくない。讀書の姿勢は讀書生活に始終するものであるから、スタートに於いて深く注意を要する　若し姿勢のわるい者があつたら姿勢矯正器を用ひなければならぬ。（木俣式姿勢矯正器…長野縣南佐久郡野澤町國華會本部發賣定價十錢位）はじめは默讀音讀何れも兒童の自由に委せておいてもよいが次第に默讀するやう指導する。意志薄弱な兒童は二人宛組せて共力して讀續けさせる方がよい。讀み終へたならば内容を一通閲してやるがよい。

(三) 能力調査と適應の指導

能力適應の指導には二つの問題がある。一は優・中・劣各-能力に應じて成績を進めることで、其の二は個性を發揮せしめることである。

(1) 優劣適應の指導をする爲には少くとも(一)讀書の速度、(二)讀解の確否と判斷の正否及び(三)文字語句の記憶力について能力を調査しておかねばならぬ。文字の記憶力は書取練習でも調べられるが、讀書の速度及讀解力の調査は毎學期一回宛は必ずやつて見る必要がある。先づ適當な文章を選擇して十人位宛教師の

前に集め一通讀に幾分要するかを一人々々調査する。次に數個の問題を出して今讀んだ文の内容を如何に把捉してゐるか解答させるのである。私の調査によると讀方の遲い者必ずしも成績がわるいとはかぎらない。

(2) 優劣適應の指導をする爲に單元の進度に差異をつけるのはよろしくない。單元を同じくしておいて優等兒には第一種讀本朝鮮讀本、趣味讀物、副讀本等の材料を與へて自習させたり、個性の發揮に適當な作業をさせるのである。劣等兒には分量を少くして、練習を多くすさせるのも一法である。

自作の讀解問題を發表せしめ、其の問題に難易廣狹の差をつけて、難にして廣汎な問題は優等兒に易くして狹い問題は劣等兒にさせるのもよい工夫である。

又兒童から出された質問事項を優等兒に參考書を與へて調査させて發表させ敎師は之が補導にあたるのも効果がある。

書取練習の如きは優劣混淆の分團を作つて相互出題、相互檢答をさせることが有益である。優等兒の爲に常用漢字表を作り假名をつけおりて敎材を出來るだけ漢字になほさせるのを一つの仕事である。此樣に能力適應の指導には數

科書の習得を標準にして劣等兒を救ひ、優等兒を進める一面の工夫を必要とするのである。

(3)個性發揮、何れの級にも數人の個性の顯著な兒童があるものだから、それ等の爲に創作活動、分團活動のリーダー等の機會を與へ時間と材料の便利をはかつてやる必要がある。前編に述た全體教育の方法は個性發揮の指導に都合がよい。

六　綴方教育の經營

(一)讀方より綸話の綴方を先にはじめる

文字ばかりの文章を綴らせる事は一年の二學期からでも尙早いが綴方的の指導は入學の最初からはじめるがよい。元來綴方活動は發表の一形式で兒童の入學前からもつてゐた能力であるが、文字を使ひなれない爲に文章をかけないのである。故にはじめは綸話によつて思想を書き表はさせる。日常の經驗を話す事と綸話を書くとは綴方指導の最も大切な基礎指導で文題をとらへることも、思想を整へて述べることも此れから出發しなければならない。綸話をかく間に一

字、一語宛文字を習得して思つたことを短文にかくやうになる。その力はやがて他の文章を讀む力となり、そこで讀方教育が出來るやうになるのであるから讀方教育よりも綴方指導が最初でなければならないのである。何しろ綴方は各自の生活の表現であるから非常にやさしいが、讀方は自分の經驗を以て他の文章と其の思想を類推判斷するのであるから一段困難な學習である。しかし大人の使ふ原稿用紙に最初からかゝせるのはよろしくない。無罫のノートを一冊與へてそれに繪と文とを交ぜて思ふやうに話させるのである。

(二) 綴方指導と創作態度の建設

(1) 取材の指導……文題を豊かにする指導である。綴方を書けないのは書く内容がないからである。此の頃の最も書き易い事項は自分の「やつたこと」「見たこと」「きいたこと」「考へたこと」「物事の說明」「感じたこと」の叙述は割合むづかしい。一年の間はすもうとか、花つみとかを經驗させてそれをかゝせたり、經驗を思ひ出す指導とする。二年には取材帳を各自のぽけつとに用意させて電車の中でも家でも、題の見つけ次第かきとめさせて文題を豊富にさせるのである。

尙取材指導で有効なのは多方面の參考文を用意して綴方の度毎に三四題宛讀みきかせることとである。私は之によつて綴方の成績を特に著しく進めたやうに思つてゐる。要するに取材指導では「何でも綴方になる。綴方の題には不足しないと確信させることが肝要である。

(2) 腹案と叙述の指導……兒童の文章は自分のやつたことが文の中心となり文脈となるのであるから經驗を思ひ出させばそれ以上の腹案の指導はいらない。なるべく自然になるべく自由にかゝせる。

しかし「目あて」と「心持」をはつきりしてかくことと「精しく」かくことの三つは指導者の心得ねばならぬことで、二年生には左例の創作訓練をつけるのがよいと思ふ。

> たつた一つの柿（十月二十一日）中山光康
>
> 目あて
> - 事柄……となりをぢさんがたつた一つの柿をおとしたこと、
> - 心持……おかしい。

中心の事柄と、心持があるので兒童の文章に生命があらはれるし、敎師は添削をすることが出來、相互批評の際に他の兒童も批評の標準が立つのである。精しく書くには自分の經驗だけでなく人の對話あたりのやうす

等もとり入れて書くやうに教へるのである。綴方の時間は一年も二年も二時間つゞきがよい。

(3) **推敲と相互批評**　幼い兒童は一人で推敲するよりも二人で推敲した方がよい。一年の綴話は展覽會、二年の文章は相互に批評をかゝせるのがよい。そして文章の力は、級友の刺戟によつて進められることが多い。推敲事項は「誤字」・「脱字」・「句讀點」・「引用語記號」・「意味不明」・「きりどころつゞけどころ」等が主なものである。又相互に文章を讀んでは批評をかゝせ、幾人も交換して批評を求める。最後に教師は優良文を推薦させ、推薦された兒童は全體の批評のをうける爲に自分の文と、其の反省及び他の批評をよむのである。

霜柱の御殿　大塚秋子

目當……霜柱がごてんのやうに美しかつたこと

一、いつ出來たやら　霜柱のごてん
土のお屋根に　水晶の柱
のぞいて見たら　おひめさま

二、いつとけたのか　霜柱のごてん
しよんぼりぬれた水たまり
どこへいつたか　おひめさま

霜の着物を　　ぴかぴかさせて　　さがしてみても　　水たまり
土間へすわつて　　こちらをむいてた。

評

1、(榊原)霜柱をおひめさまのごてんに見たのがおもしろい。「しよんぼりぬれた」がよい。

2、(須賀)おひめさま霜の着物をぴかぴかさせて土間へすわつてこちらをむいてたがよい。

3、(松村)「さがして見ても水たまり」がさびしい氣もちがする。

(4) 鑑賞と文話　低學年兒童のよい文とは

1、わかりよい文

2、心持のわかるやうにかいてある文

といふのでよい。兒童の文章を鑑賞させるには文章の形式は第二に見て内容本位にするがよい。おもしろいこと、内容の豊富なこと、見方の新しいこと、目あてがはつきりしてゐること、精しいこと等がその着眼である。童謠はおもしろくて美

しいといふのがよい。

七　書方教授の問題

毛筆書方は尋常一二年では管理が困難であり、三年からはじめても其の一ヶ年で成績をとりかへすことが出來るのであるから低學年では之を課するのは有益でない。その代り鉛筆書方をはじめるがよい。一年の間は繪話、綴方、書方を一しよにして時々片假名平假名の硬筆練習をさせ、二年になつたら書取練習と書方とを一しよにして練習させるのがよい。

書方教育餘論

毛筆書方はノメクタからはじめられることになつてゐますが、どれも甚だ適當でないのであります。永字八法とか申しまして昔から筆法が色々ありますが、ノメクタ流の書法は同じ趣旨の下に點劃を練習させて而して後に一字としてまとまつたものをかゝせようといふのであります。然るに此の點劃の筆法を學ぶといふことは甚だ困難なことでありますから、餘程筆の自由がきくやうにならなければ出來ないことであります。又如何に點劃の練習が仕上りましても一文字としてまとまつた練習にはなりません。それでノメクタ流で初步の書方指導をするのは實驗によ

つても明かな通り不適當だと思ふのであります。

殊に其を尋常一年からはじむることも甚だ不適當でありまして一年の二學期間の練習は二年の一學期でとりかへすことが出來ます、又一二學年二ケ年の練習は三學年の一ケ年で十分にとりかへして、四年になれば一年からはじめたものと同じ成績になります。それに低學年にはもつともつと大切な他の仕事がありますから、習字は三年からはじむるがよいと斷言することが出來ます。唯鉛筆習字は漢字兩假名の書取と併せて一二年の頃からはじめてもよいかと思ひます。

三年になりましたら、先にも申した樣に點劃の練習から入るのでなく文字の全體的筆法を練習する爲に平假名からはじめるのであります。平假名が一通り出來るやうになりましたら點劃に多少注意して平假名と漢字との混合文を練習させます。而して遂に漢字のみの練習にもなるのでありますが、片假名は漢字練習の間に時々課する位で十分であると思ひます。これは低學年の敎育に直接關係のないことでありますが私の經驗に徵して此の方法が最上であると思ふので附言した次第であります。

八　話方聞方敎育の經營

話方聞方敎育の必要と指導上の注意については「國語力を低下せしむる原因」に於て述べた。毎週少くとも一回以上談話會を開き、毎回十人許話しに出るやうに

する。どの子供も話題をもつてゐるので偏する氣づかいがない。これは話題が始終取材帳に集められるのと、話振について批評される事がないので進んで發表するからである。聞手はノートに一番面白かつた所と意味のわかりかね言葉を一二簡單にかいておくやうに訓練しておく。談話會の場所は多くは教室であるが、寒ければストーブの周りに集り、聲が小さければ圓陣をかいて坐る。プログラムは兒童の申出る順に板書すればよい。人の名よりも題目を重んずるのである。教師はプログラムの終つた後話題の取り方のよいのをほめ、意味の不明な言葉について指導する。

談話會の形の變つたのには質問會がある。日頃各自の不思議とする事項を備付の黒板にかかせておいて幾つか集つた時(一)質問者の題意說明(二)意見ある兒童の發表(三)討論(四)教師の指導といふ順序で解決するのである。

又毎週一回位教師が童話をきかせて内容把捉の練習と語彙の擴張をはかる。二年では話を選擇しておいて讀方の上達な兒童にかはるがはる讀ませ全體でそれをきいて同様な練習をさせることも出來る。此の聞方指導は讀書力、讀書趣味

を向上する上に非常に有効である。

第六章　低學年數生活の指導

一　低學年算術教育の方針

(一)要旨　低學年の算術教育は日常の數量に關する知識を授け、正確に計算し、正しく數量事項を處置する能を得しむるを以て要旨とする。

(二)教材　低學年に於いて取扱ふ教材の要目はたの通りである。

1、加減乘除の簡易なる計算
2、日常生活に於ける事實教材
3、數量に關する兒童の遊戯
4、作業實測の教材
5、圖表教材
6、空間教材
7、計量器具

	尋常一年	尋常二年
整數	事實について百以下の數へ方及書方、二十以下の數の範圍に於ける加減乘除	千以下の數の數へ方、書方、百以下の數の加減乘除
分數	事實について二分の一、三分の一、四分の一、半分	事實について五分の一、十分の一、等の簡易なるもの
諸等數	事實に即して糎、米、錢、月、日、週	事實に即して時分秒、糎、米、厘、錢、圓、瓦、間
ダイヤグラム	點の數によつて數を示すダイヤグラム	直線長さ廣さによるダイヤグラム
空間	兒童の實驗し得る範圍の線分の長さ	同上外に廣さ、高さ、物のかさ
數生活	勘定、製作、實測、遊戯	同上
器具	三十糎、物指、空鑵、圖形、方眼紙	一米、物指、卷尺、瓦秤、寒暖計、時計、立桝

(三)方法　初めは教科別の教授を行はずして兒童の直觀、遊戯、作業等の間に庶物の

劃類の仕方、數へ方、計量器の使方及事物の簡單なる勘定を指導し以て數量生活の全般的素地を養ふ、漸く進みて次の要領により次第に組織的なる指導をする。

1、形式的計算よりも作業、實測遊戲等の方法によつて數量事項及び事實問題を多く取扱ふことを重んずる。

2、基礎的數量觀念は實測によりて確實に習得せしめ、計算は速ならんよりも正確を旨とし、事實經驗を基にして低き數の觀念を明確に辨へさせ、漸次高き數範圍に及ぼす、教材は論理的系統的に排列しその順序に從つて數量生活を指導する。

3、事實問題は兒童の日常生活に於ける適切卑近なるものを採り數量生活の指導と思考力の練磨をなし、圖表の讀方書方も之を基として行ふ。

(四)樣式

1、算術作業を主とする場合

イ、作業の計畫

ロ、材料の蒐集整理

ハ、作業
ニ、整理
2、數量を取扱つて遊戯をなす場合
イ、遊戯方法の計畫
ロ、遊戯の準備
ハ、遊戯
ニ、數量事項及物品の整理
3、數量に關する知識を授くる場合
イ、實測の計畫
ロ、計量器に關する說明、量の單位
ハ、實測作業
ニ、結果の處理
ホ、事實問題の解決
4、事實問題構成の場合

イ、問題構成の指導
ロ、三人乃至五人を一團とし自作問題を構成し解決して後相互出題
ハ、他人の問題を解決し相互檢答
ニ、重要問題は學級問題として提出
ホ、學級問題の整理
5、計算方法を敎授する場合
イ、暗算
ロ、事實問題の提出
ハ、計算問題の提出
ニ、計算方法の工夫、理由の說明
ホ、練習
6、計算練習を主とする場合
イ、暗算
ロ、練習問題の選擇及練習

ハ、相互檢答(早く終へた兒童は相互出題、相互檢答)

(五) 算術教授上特に注意すべきこと

1、日常に起る實際問題は暗算によつて處理する習慣を養ふことに努め、筆算は息むを得ない場合に行はしめる。

2、筆算と暗算を密接たらしめ、筆算の場合にも暗算を適用せしめる。

3、事實問題を取扱ふには特に加減乘除の何れを適用すべきかの考察を指導し、數範圍の各段階に於いて二則併進よりの三則併進とし漸次練習して四則併進の取扱をする。

4、個別指導を重んずる。

5、數字を正しく書かしめ、應用數字練習を課し、又ノートの使用を指導する。

二 算術の成績を低下せしむる原因

(1) 取扱ふ數的事項が兒童の生活に交渉がないこと

どこの學校へ行つて見ても算術の時間には黒板一ぱいに算式が書いてあつて

それを解くことが算術の一番大切な仕事のやうにやつてゐるが、その思違ひが兒童の成績を低下せしめることになる。算式によつて形式算を練習すれば數を機械的に處理することは出來ても、數をいゝいゝ取扱ふ力は養はれない。然るに數を取扱ふことが算術である。兒童の數量生活を算術の問題にして指導しなければ此の能力は養へない。近頃體驗主義の算術、實驗實測主義の算術、問題作成主義の算術又は作業主義算術事實問題尊重などの新運動が現はれたのは此の從來の學、校、算、術、の弊を救ふ爲である。

(2) 數生活の素地を養はなかつたこと

低學年は學習活動の基礎を作る時代であるから各方面の直觀と經驗をさせねばならない。算術も從來のやうに形式算の基礎だけを固めるのでなく、分數、諸等數、圖形教材、空間教材、其他色々の體驗をさせて算術全般の萌芽を發達させねばならない。最近新教材の導入といつてやかましい問題になつてゐるのは低學年ばかりに關したことではないが同じ趣旨の主張である。

(3) 基礎教材の取扱を誤つてゐたこと

算術の基礎教材といへば現在文部省の尋常一年算術書の巻頭に

「100以下ノ數ニツキ明瞭ナル觀念ヲ與ヘ百以下ノ數ノ範圍内ニ於ケル暗算ヲ課シ、就中二ツノ基數ヲ足ス寄算及其ノ逆ノ引算ニ習熟セシメ、以テ加減ノ基礎ヲ確立センコトヲ期ス」

とあり、尋常二年の教科書には

「1000以下ノ數ニツキテ命數法ヲ了解セシメ、百以下ノ數ノ範圍内ニ於ケル暗算ヲ課シ、就中基數ノ掛算及ビ其ノ逆ナル割算ニ習熟セシメ、以テ乗除ノ基礎ヲ確立センコトヲ期ス」

とある。之によつて尋常一年に於いては加減の基礎

〔二つの基數の和を求むること八十一種、其の逆を求むこと八十一種〕

尋常二年に於いては勿論乗除の基礎

〔二つの基數の積を求むること八十一種、その逆の商を求むること八十一種〕

を練習し、確立しようとするのである。

而して其の取扱は先づ事實に即して出發しなければならない。入學して間も

ない兒童に１２３等の數字と＋、－の符號を敎へ、符號の筆算をやらせてゐたでは算術の成績が擧るわけはない。乘除の如きも尋常一年の頃から事實について經驗せしめ、尋常二年に於いては整理し確かにするのでなくてはならない。整理を終へたならば次第に事物算から暗算に移し、實際生活に活用させるのである。筆算にとらはれてゐることも算術成績を不良ならしめる。

物を數へる場合にも數詞を暗誦させてゐたのは從來の方法であつたが、敎室、校舍、校庭のあらゆるものを先づ彙類して數へる訓練をつけるのである。

(4) 直觀的取扱の不用意であつたこと

數量に關する基礎知識は出來るだけ直觀から出發しなければならない。例へば「圓」と「錢」の單位關係を授けるには唯「100錢＝1圓」と板書するだけでなく、先づ一錢から五錢、五錢から十錢、十錢から五十錢、五十錢から一圓といふ數量觀念を擴充する時代がなくてはわからない。又直觀材料として少くとも一圓札五十錢銀貨、數枚、十錢白銅貨十枚以上、五錢白銅貨二十枚以上、一錢銅貨百個以上を準備しなければならない。

一米突が百糎であることを知らせるにしても一米の物指を見せるだけでなく常に米突尺を使用せしめ、自分の身長を先づ糎で表はし其の百糎分を一米と數へるとか、三十糎物指で三米五十糎を實測させるとかしなければならない。直觀物といへば、實物、計數器、算術カード、手指、金銭模型、糎尺、時計小石等で彼等の生活の中に求めるがよい。之等を數へることもよいが、賣屋ごつこ、電車ごつこ、製作實測作業等も直觀的取扱である。

(5) 暗算練習が具案的でなかつたこと

我々は無意味な計算ばかりにとらはれた算術教授を排斥するが、計算練習を輕んずるものでない。そして計算は數字を見て勘定するだけのやうであるが實は大部分暗算である。加減乘除も二つの基數の間に行はれる暗算を基としてゐる。小數も分數も其の素は暗算である、暗算が出來るか否かは直ちに算術の成績如何に關するばかりでなく日常生活の指導といふ點から見れば筆算よりも寧ろ暗算に力むべきである。故に尋常一學年の算術書には卷頭に

「20以下ノ範圍ニ於ケル暗算ヲ課シ(中略)加減ノ基礎ヲ確立センコトヲ期ス」とあ

り、尋常二年の教授書には

「100以下ノ數範圍ニ於ケル暗算ヲ課シ(中略)乘除ノ基礎ヲ確立セシコトヲ期ス。

とあつて三年になると特に暗算教材を配當して暗算も正課であると編纂趣意書にも書いてある。

暗算には獨立暗算と附帶暗算とがある。此の區別は中學年以後に必要になるのであるが、前者は所謂系統暗算で後者は當日の教授の直接基礎となる數量を實物について、取扱ふのである。低學年の暗算は殆んど實物についての暗算でそれは同時に系統的に行ふべきものである。

暗算教材を固定しておくのはよくないが、大體次のやうな教材の進度でよいと思ふ。

第一學年第一學期末暗算程度

加法ー基數と基數とたして繰上らぬ場合
減法ー基數から基數を引く場合

例へば

1+2	10+2+2	8= 2+	1+○=10
2+2	8+1+1	4= 2+	2+○=10
3+2	6+3+1	7= 5+	3+○=10
3+3	5+4+2	6= 1+	4+○=10
5+3	5+4+1	9= 6+	5+○=10
4+4	6+2+2	5= 3+	6+○=10
2+4	2+5+3	8= 4+	7+○=10
5+5	1+6+2	9= 5+	8+○=10
3+5	7+0+3	7= 3+	9+○=10
1+9	3+7+5	15=10+	5+○=15

3−2	8−2−2	5− 8	10− 1=
5−2	6−2−2	3− 7	10− 2=
9−3	8−4−4	4− 6	10− 3=
5−4	8−1−2	3− 0	10− 4=
7−4	7−3−4	2− 7	10− 5=
9−5	5−2−2	3− 5	10− 6=
7−5	9−7−1	9−10	10− 7=
8−6	9−6−2	2− 6	10− 8=
9−1	6−4−2	1− 4	10− 9=
4−2	7−4−2	0− 5	10−10=

第一學年第二學期末暗算程度

20以下の二位數に基數を加へて繰上らぬ場合及其の逆
基數に基數を加へて繰上る場合及其の逆

例へば

11+ 3	8+3	11− 3	14= 5+
15+ 4	7+4	13− 4	13= 8+
13+ 7	6+8	12− 6	12= 6+
8+12	5+7	14− 8	15= 7+
2+13	3+9	15− 9	11= 4+
19− 7	2+9	16− 7	18= 9+
14− 3	4+8	12− 5	16= 8+
17− 5	6+6	18− 9	20− 4
18− 7	8+7	14− 6	20−14
15− 1	1+9	17−10	20−17

右の表は出來得るかぎり實地の勘定による。

第一學年第三學期末暗算程度

（基數に基數を加へて繰上る場合及その逆、簡易なる二位數の計算

（二倍三倍四倍すること及等分すること　五宛百迄順又は逆に數ふること

例へば

9+2	7+6	11−8	16− 7
3+9	8+7	12−4	15− 9
9+4	6+5	13−8	70=50+
5+9	9+8	14−6	20+40
8+3	7+9	11−7	90−60
4+8	9+6	12−5	4× 2
8+5	11−9	13−7	2× 3
9+8	12−9	15−8	2× 4
7+4	13−9	11−6	10+ 2
5+7	14−5	17−9	6+ 2

右の表は出來るだけ實地の勘定による。

第二學年第一學期末暗算程度

（一）二つの寄數の寄算と引算　二位數と基數との加減

（二）二位數及三位數の簡易なる計算　十・十五・二十宛順又は逆に數ふること

例へば

2+9	7+5	14− 6	75+ 20
72+9	57+9	74− 6	30+ 63
3+8	8+6	12− 7	50+ 50
83+8	33+8	44− 7	96− 70
4+8	13+4	16− 8	61− 25
64+8	33+4	55− 8	83− 40
5+7	12+3	13− 9	74− 54
45+8	52+3	86− 9	300+400
6+8	12−5	43+80	900−500
76+5	72−5	14+50	400−200

第二學年第二學期末暗算程度

掛算九九及其の應用による一位數の計算

掛算九九による二位數及三位數の簡易なる計算　加減の暗算練習も其の間に行ふのである

例へば

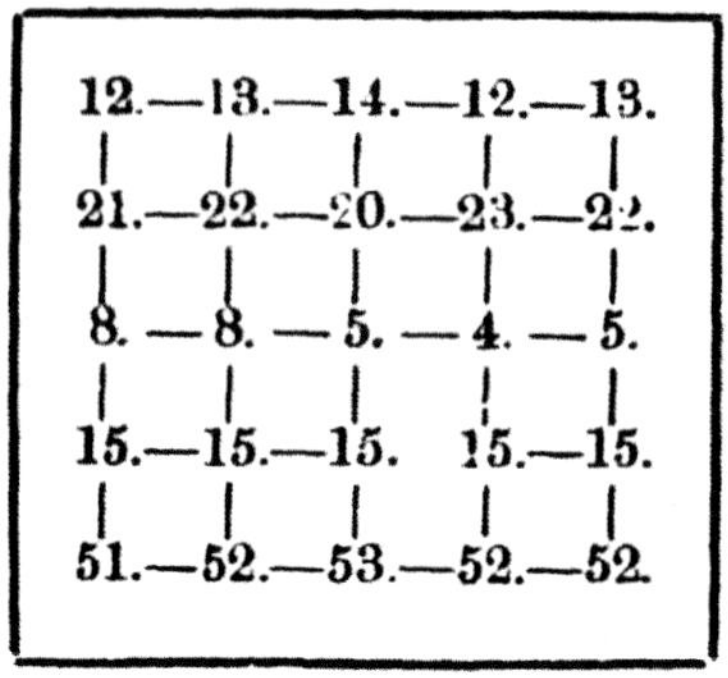

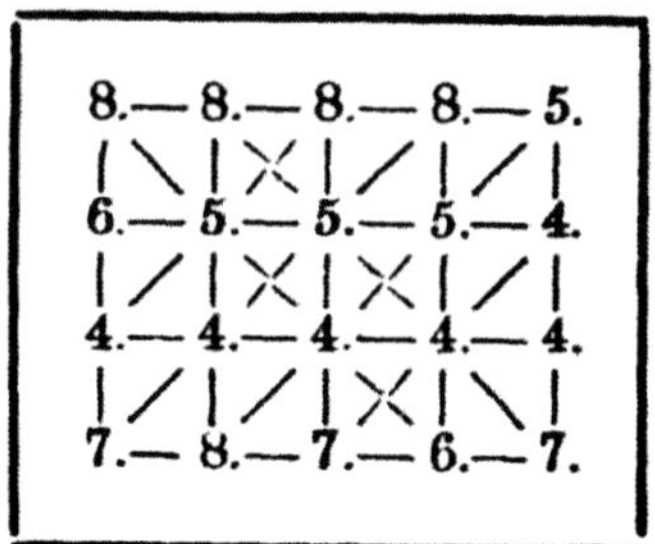

第二學年第三學期末暗算程度

前學期の復習

(6) **ノートの檢閲を疎にすべからざる事**　初學年の頃から檢算する習慣を養ひ自己檢答及相互檢答によつて學習する態度を養ふべきことの必要は已に述べた所てあるが、兒童の學習力にあまり依頼しすぎると失敗する。否算術は綿密と几帳面な教授者の手入がなくては放慢的な生活の缺陥を救濟し得るものではない。

殊にノートを檢閲して其の誤算を指摘したり、ノートの使用法を指導するのでなくては算術の成績を擧げることは出來ない。能力適應の指導も、新主義算術の加味も數生活の指導も兒童の一日の成績を調査した上でなくては第二次の計畫が實施されない筈である。

毎日の行績全部に目を通すことは事實容易ならざる努力を要するのであるが、若し全部の檢閲をすることが出來ない場合には基本問題だけ特に注意して調査するやうにしてもよいと思ふ。

(7) **算術四則の意味を體得させねばならぬ**　算術は人生のあらゆる數量事項を加減乘除の四方法によつて處理するのである。宇宙萬端の事象を四つに分類し算術四則の何れかに歸屬せしめることが算術なのであるから、困難は言ふまでもない初歩の算術敎授に於いて＋－×÷の符號によつて、式算を練習してゐる間は加へるのか、割るのか、乘ずるのか判斷する必要がないがそれだけでは成績はよくならない。三年位になつても事實問題に出合つて「割るんですか」「掛るのですか」と聞くものがあつたらそれは兒童が惡いのでなく敎師が指導を誤つてゐたのである。

多くの敎師は早く計算記號と數字を敎へて自學的に問題を解かせよう等とするがあれは兒童を誤る元である。兒童の平素使用してゐる言葉によつて計算の理解をさせるのであつて「なくなつた」「おとした」「へつた」「はらつた」といへば減算になる。別に「トル」とか「一」とか言ひ直さなくてもよい。他の四則も同樣な趣旨で實地の數事項を處理させる中に四則を理會することが出來るやうになる。

(8) 敎師は次の事項について反省する必要がある。

學習態度について

1、兒童がニコニコして算術をしてゐるか、イヤイヤながら又は叱られはしないかとオドオドしながらやつてはゐないか、算術が嫌ひになつてはゐないか。

2、一人一人の兒童が一つの問題を始めたら、それが出來上るまで考へつづける態度が出來てゐるかどうか。問題の把めない兒童がありはしないか。

3、自ら問題を考へて、自ら處理する態度が出來てゐるか否か。

4、自己檢答、槪算、相互出題、相互檢答の習慣がつけられたか、其の方法を心得てゐるかどうか。

5、書寫の姿勢はどうか、太政官令の示すやうに眼と紙との距離が五十五糎以上あるかどうか。
6、ノートの使方數字の書方、鉛筆の尖り工合、持ち方はどうか、學用品は完全に用意してゐるか。
7、計算器計量器等の扱方とその始末の仕方は出來るか、どうか。

教材の取扱について

1、算術そのものに趣味を感ずるやうな方法上の工夫をしたか。
2、寄せたり引いたりするやうな機械的な形式算ばかりをさせてはゐないか、兒童の日常の生活の材料即ち玩具、年齡、學用品、果物等の値段や晴雨表等に材料を求めて子供らしい應用的取扱をやつてゐるか、又その系統的具體案があるか。
3、教材の縱の研究と橫の研究が出來てゐるかどうか。
4、最小限度の基本的事項の研究が出來てゐるか、どんなに成績のわるい兒童もこれだけは是非といふ材料が選擇されてあるかどうか、毎日の教案に「中心教材」といふ欄を設けて書いてゐるか。

兒童の取扱について

1、優等兒のみが教師と應答して他の兒童は他事のやうな態度になつてゐないか。

2、一人の答だけをとつて教授を進行してはゐないか。

3、兒童のノートを調査することに熱心なかどうか。

4、學級下積みの子供はないか、どの子はどこが出來ないかどこを救濟したらよいかがわかつてゐるか、劣等兒製造教師でないか。

5、能力別取扱の利害を考へて救濟してゐるか

6、叱ることが多いか。褒ることが多いか。理會の遲い子供を急がせてはゐないか、確實と敏速とどちらが大切だと思つて指導してゐるか。

7、課外指導の成案をもつてゐるかどうか

環境施設について

1、新式算術教授にあやかつてはゐないか、討論式、體驗主義とか、作題式とかに浮身をやつして其の精神を忘れ机の配列や進度表みたいなものばかり作つてはゐないか。

2、敎授用具と學習材料の整頓準備は出來てゐるか。
3、基本計算の練習をさせる爲にどれだけの用意がしてあるか、日常生活の數量事項を指導するためにどういふ設備があるか。

四　能力適應の指導

(一)算術の劣等兒

一人一人の兒童は人格的には價値の上下はない、何れも絕對的のものであるけれども、知識技能には天才、最上智、上智、平均智、愚鈍、精神薄弱、低能、白痴の段階がある。大體に見て普通兒、優等兒、劣等兒の別が自然に出來てゐる。統計の示す所によれば選拔しない兒童の中には二%の極端な低能兒があり、約二十%は稍劣つた兒童がある。其の中目につく程のものは十%である。

我々は傷をうけた指には特に注意するやうに智能の劣つた兒童は算術に於いては特に親切な手當を必要とするのである。一般に算術の劣等といつても色々ある。優れた素質を持ちながら劣等兒のやうに見誤られてゐる場合も多い。よ、

く其の原因をしらべて適應の指導をしなければならない。

(1)**算術の缺陥兒**　素質はそう惡くはないのであるが、缺席、練習不足、教師交迭、基礎指導の不十分等の原因で算術能力に缺陥が出來たものである。

(2)**推理計算の遲緩兒**　呑込みが遲く、計算も緩い兒童であるが、時間をゆつくり與へさへすれば出來る性の子供である。であるから算術の劣等兒といふことが出來ない。却つて此の中には本當の算術の優等兒が見誤られて入つてゐる事がある。

(3)**輕躁兒**　算術學習態度では輕躁といふことが最もいけない。多少のろくてもよい、自分のやつた事には過がないといふ自信を持たせるやうな指導をしなくては科學的な態度は養へない。然るに往々早合點の輕躁兒才氣ばしつた兒童が優等兒又は中等以上に見誤られてそれが爲に遂には算術の劣等兒になつてしまふ場合がある。

(4)**精神薄弱兒**　算術劣等兒の大部分は此の種の兒童であるが、注意が問點に集中しない爲に遂に答が出ないのである　一つの問題をはじめてゐながら、其の問點

をつきつめて考へないで心が外のことにとられたり遲疑したりするのである。

精神薄弱兒にも色々ある。他人の答に依賴しようとするもの、叱られはしまいか、おくれはしまいかと戰いてゐて問題に注意の定らない子供、思考力の幼稚な兒童疲勞し易く注意散慢な兒童等あつて普通學級で救濟し難い者は、補助學校又は補助學級へ轉席させるがよい。

(二)劣等兒を未前に救ふこと

能力適應の指導法を「劣等兒を未前に救ふ方法」「劣等兒に對する特別注意」「優等兒を伸ばす方法」の三項について述べることにする。

劣等兒を未前に救ふには前記の算術の成績を不良なしむる原因を除去するは勿論であるが、其外に

(1)各教材の單元を教授するには常に最少限度の基本事項を選擇して、それは如何なる劣等兒にも徹底するやうな方法で溫習すること、これがなくては優等兒も劣等兒になつてしまふ。

(2)各單元を取扱ふ前に先づ考査問題を出し兒童の學習し得る程度を豫察し、單元

の終了した時再びどれ位出來るやうになつたかを考査し、其の都度劣等兒を救濟するのである。

(3) 先を急ぐよりも確かに礎を築くこと經驗的直觀的に基礎觀念を養ふこと、との劣等兒にも易しい問題を自動的に解かせて自信を持たせることの三つは劣等兒を未然に防ぐ用意である。

(4) 常に問點を明瞭にする態度を養ひ、計算能力と、事實問題の構成とを指導することと等は大切な要領である

(三) 劣等兒に對する特別注意

(1) 劣等兒の勘定する樣子を特に精査して其の原因を發見し救濟の方法を立てる

(2) 劣等兒の席は教師の特別指導をし易い所に定め、又優等兒と列らばせて指導誘掖を受けるに便利なやうにする

(3) 劣等兒は常に受身になり勝でどの時間も流れるやうに經過してしまふから平易な發問は劣等兒に答へさせるばかりでなく、作業や遊戯をすることによつて習得させる。長さの知識の如きも物指を使ふことによつて習得させる。

(4)基礎的事項を反復するやうに、日常の指導をする。

(5)特別指導の時間を定めることもよい。

(6)劣等兒に對しては少しでも嘲笑侮蔑するやうな態度を見せてはならない。困難な問題に當つた時は同情し賞讃褒辭を惜まず鼓舞しなければならない。

(四)優等兒を伸す方法

優等兒に就ては眞に能力の卓越した者か、早熟性であるかを愼重に觀察し眞に能力の卓越した者には特別な取扱をしなければならぬ。之を助長するには基礎を確かに固めることが、先づ第一の仕事である。次には教材を進めて其の能力に應じた學習をさせるのである。

(1)自動的學習と其の指導　どの學級でも劣等兒に多く手がかゝるから、一方優等兒には自動的に學習するやうな仕組を工夫することが必要である。其の仕組には色々ある。遊戯や作業法によつて數生活を經驗させる場合には全體の計畫に參與させたり、分團の中心となつて働らかせたり、工夫を要する仕事を受けもたせたりする。又作問自答、相互出題等によつて能力に應じた學習をさせることもよ

い。

算術問題又は算術作業を書いたカードを用意して之によつて特別指導をすることもよい。例へば基本的事項を一齊に指導してから、上のやうなカードを自由に出して學習させるのである。カードの問題は其の基本事項に關係のあるものを整へておくがよい。

No. 37　（表）

アナタノ｛オベントウ／ランドセル／サンジユツテフ／ヨミカタノ本｝ハ｛イクグラム／アリマスカ｝

ソノホカナニデモ目方ヲシラベナサイ，ケントウデイクラ，ハカツタライクラ．

No. 37　（裏）

答ノ書方

品名	見當	實測	差

自學的方法は此の外色々あるが、如何に自學であつても必ず何等かの方法によつて成績の處理をしなければならない。此の結果の處理には兒童相互でやらせることは非常に有効であるが、それも兒童にまかせきりにすることは出來ない。

(2) 優等兒發展の三方向　優等兒を伸す方向は三つある、一は程度を高めること、二は量を多くすること、三は教材の種類を廣く求めることである。程度を高めること

は稍々困難な問題を課すことで中學年以上の兒童にはやつてよいと思ふが、低學年では推理力の發達しない頃のことであるから、他の二方向に伸すがよい。助長の方法は學級一齊の基礎的指導が終つたら自作問題や相互出題をさせたり優等生用問題をやらせるのである。

(3) いいいい進度解放の要領いいいい　進度開放は能力適應の指導を主張する人々の考へであるが、同一學級内に進度の異なる分團が幾組も出來るのは教授力を分散し、單式教授を複式につくりかへるやうなことになつて優劣共に成績が低下する。しかし、ウイネツカシステムの系統的指導案を作れば進度解放の方法もつくが低學年では不適當である。故に學級進度の單元を一定し、其の單元の基礎事項の反復は劣等兒に課し、優等兒には自學自習により多方的に材料を求めて學習させる方がよい。

(五) 食卓上の教育

直接算術に關係したことではないが適性教育の一方法として食卓教育についてのべよう。

食事は兒童の最もうれしいものゝ一つである。又古來の大教育家は口を揃へ

て感化訓育に利用すべきよい機會であるといつてゐる。然るに今日の小學校敎育は未だ此の方面の研究が十分でない。私は兒童と共に食事して、穩やかな春のやうな氣分、家庭的な氣域を醸し出そうと工夫してゐる。そして個性と境遇を察知し適應指導に力めてゐる。手を洗つて靜かに敎室に入り、號令をかけるやうなことはしないで「戴きます」と挨拶して食事にかゝることにしてある。そして別にテーブルを用意して敎師はそこで一部分の兒童と話し乍ら食事するのである。「どうです、Y君、マ丶さんの御病氣はよろしいですか」。「Kさんの御姉妹は十人でしたね。一番大きいお姉樣は?」。「夕べ私の家へお客樣があつてね……」等と、一人一人の兒童の心持にしつくりあふやうに、氣のふさいだ者は引き立てるやうに話し乍ら樂しく食事させるのである。

氣むづかしい子供、不平勝の子供も、家に不幸のあつた兒童も此の時ばかりは非常に明るくなつてにこ〳〵し食事する。溫良な父のやうな氣持で下積にされる性質の兒童をかうして救つて行く。食卓へ集る兒童は數人宛曜日によつて代れはよい。又テーブルの上には一輪の花を用意する趣味があつて欲しい。敎師の

卓に集らぬ子供も膳を亂さぬ限りつゝしまやかに話しあつて食事させるのである。　かうする中に算術の劣等兒も伸びやかになつて來るのである。

第七章　表現生活の指導

生活指導を第一義とする低學年教育に於いては圖畫、手工、唱歌、綴方等と分科的教育とするのでなく、生活活動の題目を中心に各種の樣式に於ける學習及表現の作業をなさしめ、教師はそれについて教導すべきものであるとは繰返しのべ來つたところである。

今「動物園」といふ題目について生活せしむるとすれば、先づ直觀指導があり、次にそれが或は圖畫となり、手工作業となり、童謠となり、綴方となつて發展する。　何等其の間に分科の制限を受けることがないのが低學年教育の特色である。　動物園の熊の繪をかき、其の話を文章に表はし、或は熊の話を書いた讀物をしらべる中に彼等は國語的、圖畫的、製作的の生活を經過する。　描寫能力の修練を必要とする場合には特に繪の指導をすることも支差ない。

かように全體教育によつて兒童の生活は全體として充實し、盛に發展するのであるが、之を教科目の立場にかへつて共の經營法を考へて見よう。

◇圖畫の指導

一　低學年圖畫教育の方針

(一)要旨　圖畫は自由描寫により生活鑑賞と思想の自由表現を指導し、描寫趣味を啓培し併て表現の能力を養ふを要旨とする。

(二)教材　畫題の要目は左の如し。

1、生活體驗を畫題とし宛も綴方の文題の如く觀念畫を描かしめる。

2、兒童は一般に動的題材を好むものなれば多く此の種のものを採るも、興味に應じて靜的題材も描かしめる。

3、童話、童謠を畫題にして表現せしめる。

4、裝飾的題材は兒童の裝飾意匠の興味に應じて指導する。

5、寫生的題材は兒童の趣味に適したものを採る。

(三)材料

1、クレイヨン、墨汁、繪具、スタンプインキ等

2、畫學紙、半紙、唐紙、其他利用し得る紙片

3、芋、蓮根クルミ、大根木の葉等を版畫に利用する。

(四)方法　初めは教授時間を特設せず、直觀、發表、製作、遊戲の生活題目を中心とする活動の間に之を指導し、漸く進みて自由選題法により時間を定めて描寫鑑賞をなさしめる。

指導は描寫の順序方法を劃一的に要求することなく、描寫の技巧よりも描寫の興味を重んじ創作的自由表現による。

作品は發表會、展覽會等の學級活動に移して處理するを本體とし、評點評語よりも多く批評奬勵の言葉を使用する。

(五)注意

1、兒童は單形よりも各種の形態を一枚の畫面に描集めることを欲する傾向がある、指導には其の自由表現を尊重すると共に畫面の目的と統一を指導して綜

合的有機的ならしめる。

2、自由描寫は概念畫を繰り返すことが多い、その爲に圖畫生活の内容が貧弱となる。故に實地の觀察と、實感を採へることを指導し生活經驗を描出せしめる。

3、なるべく大きく、多作せしむることは幼學年圖畫指導等の要領で、包紙、厚紙等利用し得る紙は盡く集めて盛んに、多作大作せしめ、描寫を享樂せしめる。

4、個性の發揮を重んじ技巧の模倣を排する。

5、色を十分に畫くことと、形に氣分を表はすことは圖畫指導の二大要素なれども、一時に兩の完成を要求するよりも互に主從の者關係に於いて導く、

6、低學年に於けるよき繪の標準は大體左の條件を要する。

一、伸び伸びと大きくゆつたり描いたるもの

二、力強くきびきびと表現したもの

三、個性の顯著なもの

四、畫意の明瞭なもの

五、兒童の思想感情、生活の豐醇に表現されたもの

二　分科以前に於ける圖畫の指導

(一) 生活の自由表現

從來の「圖畫は形態を描くの能」を得しめようとしてゐたから描畫の技巧を模倣させることになつた。又一種の技能科でそう多くの時間をかける必要がなかつた。然るに低學年の圖畫は生活指導であり、思想學科であり、直觀、國語、綴方、の手工等の學習の出發點となり基礎となるやうになつた。技巧よりも自由表現を享樂することを重んじ、器物の形態よりも生活表現を重視し、家庭學校の生活、童謠童話等を題材として色と形で表現させようとするのである。

兒童の入學した最初は文字も言葉も自由ではないが繪で表現することはどの子供も興味があり最も自由であるから、大きなノートを與へ毎日、見たこと、やつたこと、聞いたことを繪で自由にかゝせる。作品は展覽會にする。その繪について談話會をする。漸く進めば其の繪に題目や說明をかく、かうして文字を習得し綴方も書けるやうになる。

(二)繪心の伸し方

圖畫生活を充實させることが繪心を伸す第一の要領である。

1、毎日描かせる位に。畫かせさへすれば繪心は伸びる。用紙は畫學紙とはきめないで商店の色紙でも、半紙でも洋紙でも出來るだけ澤山與へて自分の體驗を思ふ存分畫かせては展覽會をさせるがよい。かうすることによつて畫題が彼等の生活の中から豐富に見付け出され、思想も啓培されるのである。

2、のんびりと大作させる。小さな紙に丁寧に一枚一枚かゝまてゐては描寫の意氣も技巧も萎縮してしまふ。多少粗雜でも、技巧が下手でものんびり大作させる。それも強く表現させるがよい。かうして手と眼を練磨するのである。

3、直觀鑑賞を重んずる。兒童が山をかくときつと富士山をかいて、それに旭の出た所をかく。家をかいても、花をかいても大體形と色がきまつてゐてそれを繰りかへすものが多い。これは概念にとらはれた繪で實感を畫面に出す指導を要するのである。それには實物の美しさ、實際經驗の面白さを先づ味はせてそれを描寫させるのである。寫生も此の意味に取扱ふがよい。かうすれば觀察

も進み、生活鑑賞の眼も高まり、繪の内容も豐富になる。
4、裝飾のいいい趣味　紙人形を作つても美しい模樣をつけたり、繪話の本を書いても切拔模樣で裝飾したりさせることは低學年の圖畫生活を指導する上の大切な着眼である。

◇手工の指導

一　低學年手工指導の方針

(一)要旨　手工は製作活動を旺盛ならしめ工夫創作の能を助長し、併せて仕事を好む習慣と協同の訓練を行ふを以て要旨とする。
(二)教材　製作題目は兒童生活の内容に求めしむ、その要目左の通り。
1、體驗を表現する製作……(例)運動會、遠足した場所、五月節句、海軍記念日の如き。
2、直觀を表はす製作……(例)桃、レール分岐點、花、學校、犬、田舍、景色、魚の如き。
3、生活用具の製作……(例)カルタ、風車、人形、鐵砲、童話劇の要具の如き。
4、想像事項の製作……(例)龍宮、月の世界、桃太郎の一生、私達の村、海の如き。

(三)材料　製作に使用する材料及用具は左の如し。

1、色紙、ボール紙、竹、丸木、板、針金、板金、キビガラ、粘土、布片、糸。

2、砂箱、積木、空箱、瓶、其他利用し得べき品物

3、ハサミ、粘土細工用具、簡易なる木工用具、ペンチ、切出小刀。

1、製作題目を豊富に求めしむることは指導の第一要領にして、動もすれば無意味なる模作、駄作に終ることが多い、直觀、國語、遊戯等に於いて製作作業に發展せしむるやう注意する。

2、製作は正確なるのみならず、藝術的要素を多分に備へしめることを要する。

3、兒童の製作は動もすれば豆細工、粘土細工等の如く材料にとらはれて創作欲を萎縮せしむることが多い、製作目的を中心に材料及方法を考案せしめる。

4、材料はつとめて各種の廢物を集めて手入し盛んに之を利用せしむ。

5、製作の技能は各自の工夫にまち、旺盛なる製作欲を涵養するやう特に指導し目的の完成する迄作業を續行せしむ

6、協同作業を多くし各個性と能力に應じたる部分作業又は小題目を割り當て、其

の完成により全體活動に貢献せしめ學級を作業の有機的共存體たらしめる。

（學級作業の要領については第三章生産發表活動の指導に於いて詳述したからここには繰返さない。）

（四）方法　1、製作は個人製作と協同製作の二種とし、個人製作は各自自ら目的を立て計畫し完成せしめ、能力に應じ適宜の指導をなし、協同製作は合議の上題材を定め、若干の部分又は小題目に分けて各自に製作作業を分擔せしめて全體を完成せしめる。協同製作に於いては特に委員を選んで題目の內容を調査せしめ作業計畫を立案せしむることもある。

2、製作の材料と技巧によつて題目を定むることはせず、兒童の製作欲に應じ自由に計畫を立てさせる。

3、材料及用具の使用について指導する外特に組織的に技巧を授くることをしない。又製作の質地につきては個別的に指導する。

4、製品は學級活動に移して批評し加工して展覽會等の形により鑑賞せしむるを本體とする。

5、初めは時間を固定せず手工創作及び直觀、國語、遊戯等の題目の下に盛んに製作を奬勵し作業中心の學校生活を營ましめ、漸く進んでは手工の時間を定めて指導する。

◇唱歌の指導

一 低學年唱歌指導の方針

(一)要旨　唱歌は歡んで歌ふやう指導して高尙なる音樂を歡ぶ念を養ひ、聲と音樂的聽覺を陶冶し以て高潔純美なる生活を促すを要旨とする。

(二)敎材

1文部省檢定濟の歌曲を用ふるを本體とし。

2、左の條件に應ずるものよりとる。

イ、兒童の心身の發達程度に適合するもの

ロ、歌詞及歌曲の平易雅正にして兒童の心情を快活純美ならしむるもの

(三)方法

教材選擇排列標準

種別	調子	拍子	音域	曲想	曲體
第一學年	各種調	二拍子 四拍子	・ニ－ニ	快活	單音曲
第二學年	同上	同上	同上	快活 輕快	同上
第三學年	同上	同上	・ホ－ハ	快活 輕快 活發	同上
第四學年	ハ長調 關係短調 各種調	二拍子 四拍子 三拍子	同上	勇壯 同上	同上
第五學年	ト長調 關係短調 各種調	二拍子 四拍子 三拍子 六拍子	・ホ－ロ・	優美 莊重 同上	同上
第六學年	ヘ長調 關係短調 各種調	同上	・ヘ－イ・	同上 悲壯	同上

備考　音程は數量的に四度五度六度と進むことは事實困難である又歌詞により曲により難易は必ずしも一定しない。故に教材に即して漸次明確な音程に進める。音域は高學年に於いては男女の性により異る。

唱歌は一方には純美なる歌詞、他方には高雅なる樂曲の兩者をとり、審美の修養と道德的國民的志操感情を振起し、兒童の日常生活を慰め、樂みの源泉を供給し、高潔純美なる生活を營ましめやうとするものにして、是がためには呼吸練習發聲練習、聽音練習、リズム觀念の啓培を要する。

歌曲の教授は第一に學年においては單式聽唱法により習得せしめる。初めは唱歌の時間を固定せず、兒童の遊戲製作等に關連して時間をとつて之を授ける。漸く進めば時間を定めて教授し、常に他教科との聯絡をとり、又直觀遊戲國語、童話、作業等の間にも唱歌して音樂趣味の涵養につとめる。

(四)低學年における唱歌教授の一般様式

1、誘導(マーチ、行進、律動動作、既習歌曲の聽方等の方法により)
2、提示(歌詞の大意說明、既知兒童の發表)
3、範唱、範奏(傾聽の態度に注意す)
4、歌方指導(數小節に區分せる模唱より漸次全曲に及ぶ)
5、獨唱及仕上部分訂正)

6、練習（洗練、獨唱、聽方指導、動作其他への發展）

（五）注意すべき事項

1、兒童の歡喜して歌ひ且聽くことを第一とし、程度の高尚なることを要求せず。

2、歌曲の多きよりも其の習熟と樂しいいいで歌いいい歌ふ生活を重んずる。

3、各種の基本練習は特設して課することなく歌の教授中に織り込んで、知らしむるよりもなれしむることに努む。

4、律動、旋律、調和の感覺を陶冶せんがためには、教師を離れて獨立的に音樂活動をなす機會を與へ、又國語、體操等に連絡をはかる。

5、興味を徒らに滑稽、悲哀、等の歌詞内容に捕はれしむることなく、又歌詞の意味より出發するも漸次曲想に興味を向はしむるやう指導する。

二　生活指導に於ける唱歌

（一）學校生活の出發は唱歌から

主知主義實用主義で固つてゐた從來の教師は兒童が唱歌を歌つて樂しむより

も算術の方が大切であるかのやうに思つてゐた。その考が禍して算術も讀方も圖畫も修身も成績が擧らず劣等兒の救濟の方法がなくなつてもまだ其の原因が快活愉快なる學校生活を基にしてゐない爲であることを知らず氣の毒なことには唱歌の大切なことも悟らないで、徒らにいぢめてゐる者が多かつた。

可愛そうな程落つきのないオドオドした子供達は愉快に唱ふことによつてニコニコして心から快活になり、友達と相携へて歡び學校が面白くなるのである。兒童が勞れたと思つたら唱ひ、仕事が困難になつたら歌ひ、愉快になつたら又歌ひ、喧嘩がはじまつても唱ふといふやうに學校生活の大部分を唱ふことから出發する位にすれば其の明るい氣分が級風となつて劣等兒も伸やかになり救濟も思ふやうに進み、諸學科の學習も深刻になるのである。そうして見ると從來のやうに一週一時間の唱歌ではなく、兒童の學校生活と唱歌とは終始しなければならないのである。

(二) 知つてゐる唱歌から

入學した日は知つてゐる唱歌からはじめる。「皆さん唱歌はすきですか等とい

ふ問答はやめにして「さあ知つてゐたら歌ひませう」と話し乍ら明るい態度で、好みさうな、知つてゐさうな歌をいくつも彈いてやる。面白さうに歌いながら彈いて行く。始めはキヨロンとして聽いてゐるが、聽覺えのある歌になるとニコニコツとして浮いて來て中には小聲で歌ふものも出て來る。さうなればもう大丈夫「うまい〳〵、上手な人は大きな聲で、下手な人は小さな聲で先生と御一緒に」とやればよい。子供達もすつかり解放された氣持になり、好き嫌いをいふやうにさへなる。かうして選らばれた歌が友達同志と心持を繼ぐ綱となる。かうして兒童のなじみの多い歌から出發して唱歌氣分を整へ、始終此の氣分をこはさないやうにして漸次新曲の方に手をつけるのである。新曲といつても全然耳新しいものよりも兒童に多少馴染んだものをとる方がよい。新作歌でなければ氣がすまない教師は自己滿足の爲に兒童の唱歌趣味を犧牲にするものである。その中に兒童の方から新しいものを要求する態度になる。新曲をとるのはその時でも決して遲くはない。此の時代に今一つ大切な事がある、それは兒童の聲と其の出し方の癖を個人個人について觀覺えてしまふことである。此の兩面の用意が出來てはじめ

て唱歌を指導することが出來るのである。

三　基本練習

(一)指導の要領

私の見る多くの唱歌教授は先づ呼吸練習二三回、次にア音發聲三四回かうして精神の統一と音の調整をはかり、新教材を提示にするといふ順であるが、誰の經驗をきいて見てもわかるやうにあの無趣味な基本練習が多くの場合唱歌を嫌にする。併し其の効果は一般に認められ、必要なことはいふまでもないのであるから、如何樣に基礎練習を指導するかに苦心するのである。

其の工夫の要點は音に對して敏感に注意を向けさせて聲と音樂的聽覺を陶冶するのであつて、(一)一時に一事づゝ覺えさせるのでなく長い間の反復によつてなれさせること、(二)彼等の感興をひき易い歌や言葉で享樂的遊戯として取扱ひ、(三)始終快活純美な音樂場の氣分の下に行ふことの三點が大切なのである。

(二)呼吸練習

「日ノ丸」の唱歌を入學當初の兒童に歌はせて見ると一節だけ繼けて歌ふことが出來ないで「シロヂニ、アカク」と二段に切つたり、甚しいのになると「ヒノ、マル、ツメ、テー」と四段にきれぎれに歌ふ。其の原因は一節歌ふだけの呼氣を準備することを知らないからである。故に聲をなだらかに氣持よく歌はしめるには意識的に呼吸練習をさせねばならぬ。發聲の秘訣は正しい呼吸法に存ずるのである。

唱歌呼吸法の要領(Gustav Kron氏)

1、唱歌の呼吸法は吸氣―休止―呼氣の順に……自然の呼吸は吸氣―呼氣―休止の順である。

2、短く音のしないやうに深く吸氣する……普通の呼吸は呼吸と吸氣と略々時間が等しいが唱歌では吸氣は深く短く呼氣は緩かにする。

3、吸氣の次は息を引留める。此の時發聲器官は靜かに歌ふべき音への用意をする。

4、呼氣は緩かに息がらくに落ついて咽喉から流れるやうにする。

呼吸法だけを特に練習してもよいが、腕を水平に上げ下ししたり、歩行と結びつけたり、歌の一節や兒童の名前等を利用して面白く練習させるのがよい。此の際注意すべきは吸氣の際に肩を上げぬことと、やりすぎないことである。又鼻から吸ひ口から呼出するのが普通であるが、吸氣毎に口を閉ぢる必要はない。多くは鼻と口から吸氣するのである。室内空氣の清潔、乾度氣温の調節について指導者の注意すべきは言ふ迄もない。

(三) 發聲練習

「唱歌はお話しするやうに歌ふのでなければならぬのであるが、兒童の發聲は一般に亂雜で一續に話すのでなくきれ／＼に歌ふものが多い。音量の貧弱なことについてはとがめるのは無理であつて、却つて靜かに柔かに發聲させねばならぬ。

唱歌發聲法の要領(Gustav Kron 氏)

1、聲音の美は正しい呼吸、發聲の仕方、及共鳴によつて定まるのである。

2、發聲練習は輕い發聲と柔かい音を養成するので、大聲と硬い發聲と爆發的の

發聲をやめさせ、靜かな柔かい發聲をさせる。兒童は大抵母音で始まる綴に硬い發聲をするものであるからその母音の前にマ、テ、ニ、サ、ム、の如き子音を添へてはじめるがよい。そして柔かい發聲になれた時自由な母音發聲にするのである。

3、深く吸氣しその息を節約して流出させると胸骨が振動して胸廓共鳴が起る。口は過度に開くに及ばぬが、舌と唇を正しくしておいて口を十分に開くことに慣れさせるがよい。

4、喉音は兒童が舌根を後方に押しつける爲に起るのであるから舌の先を下齒に當てゝ色々の高さで「サ」の綴を歌はせればならぬ。齒音を出すのは口の開き方がたりない爲に「シュー」と響くのであるから下顎を弛くして歌はせるがよい。

兒童が歌ふ時に顎が痙攣的に緊張して顏が赤くなつてゐるのは正しい發聲をしてゐないのであるから、樂に呼吸させ顎筋を弛くさせねばならぬ。

(四) 唱歌の姿勢

堅くなつて氣をつけをするのでなく、下腹に重みのかゝるやうに自然に立つのである。兩手は後に樂に組んでもよい。顎をつき出して歌ふのもよくない。それから顔をしかめたり、鼻汁をつまらせて歌はないやうにしたいものである。

四　歌つて生活させること

唱歌教授の目的は唱歌教室で美しく歌ふだけでは目的を達したのではない。歌つてくらすやうにならなくてはならぬ。言ふ迄もなくその歌は純美高潔なるものでなくてはならぬ。又共同生活に於いて他人に迷惑のかゝることをも顧慮しなければならないが、幼學年の間は兎角どの子も歌ふことがすきにならなくては教養の目的を達したとは言へない。それには兒童の極く好きな歌を級で決定しておいて、氣合を揃へる時、一仕事終へた時等に歡んで歌ふやうにしたり、又學級活動として發表會を度々催してそういふ時にも歌を奬勵するがよい。

第八章　低學年に於ける體育と養護

一　體育と養護の協同

低學年兒童の身心の發達は第一章第二節に述べた如く尙幼弱にして、發育を害し疾病を誘致し易い。然るに幼學年時代の健康增進は學校敎育の一大基石をなすものであるから、低學年の敎育は健康第一の方針を明瞭に自覺しなければならぬ。先づ生活の急激なる變化をさけ、敎室內外に於いて直接間接に受ける身體發育上の障害を遺憾なく除去し、身體檢査の結果に鑑み體育と養護の一致の計畫の下に兒童の健康を積極的に增進させる途を講じなければならない。養護の必要なることは從來もよく考へられてゐた所であるが、體育養護一致の計畫の下に健康增進をはからうとはしなかつたやうに思ふ。體育といへば體操敎授のことのみを考へる向が多いやうであるが、我々は兒童の健康を增進せしむるについては時間割の考を撤廢して兒童の學校生活全體を如何に指導したらよいかに着眼しなければならないのである。

二 教室養護

教室養護の注意すべき事項は左の通りである。

1、通風　兒童一人の一時間に要する空氣の容積は十五立方米であつて、空氣千分中に僅かに一分の炭酸瓦斯があつても衞生上害があるといはれてゐる。

2、採光　兒童の退場後は日光を教室内に透して殺菌をはかり、掃除後もカーテンを取除いておくのである。然し直射光線は眼を害する虞があるから學習中はカーテンによつて遮蔽した方がよい。教室を殊に明るくして晴々した氣分で學校生活を送らせることは又大切な養護法である。

3、煖房　室内の溫度は華氏六十度を最も適當とする。火鉢を使用する場合には炭酸瓦斯の發生を妨ぐ爲に烈火になつたものを入れるやうにしなければならぬ。又煖爐の上には水槽をおいて水蒸氣の發散を盛んして空氣の乾燥を防ぎ呼吸器の保護をはからねばならない。

4、机及教室の清潔　兒童の机の中には塵がたまり易い。又食へ殘しのパン直觀

に使用した果物、古ハンカチ等が久しく入つてゐることがある。時々自分で清潔にさせるがよい。教室の掃除は低學年では無理であるから他の學年か又は小使にさせるがよい。掃除の方法については文部省の訓令を一通り心得てゐなければならない。（大正十三年十二月文部省訓令二十六號）

5、**兒童の座席**　身長の最も高い者を左右後に配し、漸次中央前に至るに隨つて身長の低い者をおくを本體とし、耳目に故障のある者、學業成績の特別指導を要する者は教師の手まはりよき所に指定する。一年に三度以上は左右の席の交代をさせる必要がある。

6、**學習疲勞**　實驗によるに注意緊張の時間は六才では十五分、七—九才では二十分、十—十二才では二十五分、十三—十六才では三十五分であるといふ。故に四十五分（一時間）の間一樣に注意を緊張させようとするのは過重の要求であるから課業中にも時々輕體機をさせたり、呼吸運動をさせたりして疲勞の恢復を圖るべきである。

7、**姿勢**　正しい姿勢は健康の第一要件で、正しい姿勢で學習し作業する習慣は低

學年學習態度の最も大切な要目である。姿勢の要領を練習せしめ、常に警告を怠つてはならない。

8、文字と讀　兒童のノートに書く文字も、敎師の與へる謄寫物、印刷物の努めて大きくしなければならぬ。黑板に書く文字も白色で方二寸以上の大きさでなくてはならい。靑紫等で黑い板に文字をかいて示すことは眼の爲によくない。

9、傳染病　敎室に傳染病が入ると、何しろ幼弱な兒童であるから直ちに漫延して全部の兒童に感染することも珍しくない。學級擔任は文部省發令の學校傳染豫防規定（大正十三年九月改正）を心得てゐて勵行しなければならない。

三　衞生敎授

低學年に於いては時間を特設して衞生敎授をするに及ばないが、月一回位は身體に關する材料中心に學習作業をさせるがよい。其の取扱ふ事項は生理衞生に關する知識よりも衞生保健の習慣敎養につとめるのである。

1、姿勢の練習

頭を正し、兩肩を水平に、胸部を擴張し下腹に少し力を入れてゐることは起坐、步行の何れの姿勢に於いても根幹である。直立の姿勢は身體を眞直にし、口を閉ぢ兩脚を自然に揃へ足尖は適度に開き眼は前方を正視させる。立つて讀書し、談話し種々なる作業をする時の姿勢も此の要領である。

着座の姿勢は上體を自然に直立させ體の重心が兩坐骨關節の中間に落つる位置をとらせ、兩脚は自然に開かせ、兩下腿を垂直にして兩足は平に床面を踏ませ、兩手は股の上に置いて前方を正視させる。

聽聞、書見等の際には机腰掛の離尺を加距離となるべく深く腰かけさせ、書寫、描寫、製作等手を動かす際には離尺を減距離として淺く腰かけさせる。又作業讀書の場合には常に目と一尺五寸以上の距離を保たせねばならない。(太政官令)

2、**身體の淸潔**　手足、鼻、口、目の淸潔について指導し、便所の使方、ハンカチ、鼻紙の使方等も衞生敎授の重要な材料であり、學用品と衞生食事の仕方等についても心得させる。鉛筆をなめたり、ゴムをかんだりする子供は可成りに多いものであ

る。

四　身體檢査の活用

1、**家庭と聯絡して極力醫療矯正する**。これはいふ迄もない。殊に傳染病については遺漏なき手當を要するのである。

2、**机、椅子等を適合せしめる**。毎年少くとも二回は適不適を檢査しなければならない。背柱彎曲の者にも初期の間に適當な設備を講してやらねばならぬ。

3、**養護表**　監察を要する旨校醫から注意された兒童は勿論其他養護上警戒すべき事項を拔書きして敎卓の上に常備するがよい。敎師の仕事は多方的であつて大切なことも忘れ勝ちであるから、かういふものが備へてあれば敎室養護も手落なく行はれるのである。

養護表　學　年　組
○近眼者氏名
重聽者氏名
○背柱彎曲
其他觀察を要する者

4、**幼學年兒童に起り易い疾病**。

齒牙の疾患……齲齒は睡眠中に多く侵されるのであるから就寢前に口腔掃除を

させる。

トラホーム……眼脂から傳染するのであるから手拭の借貸を禁し、患者は治療させる。

耳鼻咽喉病……耳漏、扁桃線肥大、腺様増殖症、肥厚性鼻炎等は俄に危險でない爲に却つて治療を忽にして心意の發達の妨となることが多い。

背柱彎曲症……机、腰掛の構造を直し姿勢を正さねばならぬ。

頭　　痛……換氣不十分、溫度の上昇、精神過勞、睡眠不足等より來る。

腺　病　質……營養不良、貧血、林巴腺腫脹、皮膚菲薄、脂肪組織薄弱、粘膜組織の弱い體質を總稱したもので結核にかゝり易い。新鮮な空氣と豊かな滋養と運動を必要とする。殊に日光浴をさせるのがよい。

五　運動生活の指導……屋外教場

分科以前の兒童の生活には授業時間と休憩時間との差別がない。室内では彼等の直觀發表遊戲製作等の活動をそれこそ自由に家庭生活に於ける生活と同様

な氣持で營んでゐる。しかし室內で多く暮すことは彼等の發育にも害になることが多いので、屋外へ出しては直觀遊戲製作發表等の生活をする。其の間に運動も學習も、道德的な陶冶も行はれるのである。

故に分科以前の敎育に於いては休憩時間の指導や體操敎授の要領は問題にはならないで、兒童の身體的遊戲はどんなのがよいか、遊戲場の設備はどうしたがよいか、虛弱者運動拙劣兒の指導は如何にすべきかといふことになるのである。

遊戲場　遊戲場は出來るだけ自然の地形を殘した場所がよい。岡あり、川あり、林あり、谷ありといふのが理想的である。わざ〱平坦にして中には木煉瓦やコンクリートの運動場を作る所もあるが、あれは却つて低學年兒童の自由と健實な生活をさまたげることになる。

低學年の遊戲場は彼等の全體生活をさせる屋外敎場であるからジャングルリング、ぶらんこ、陸舟、すべり臺、其他運動用の輪、竹、棒、ボール、タスキ、繩、籠等を備へるばかりでなく汽車ごつこ、兵隊ごつこ、賣屋ごつこ、母樣ごつこ等の遊び材料や、黑板、計算器、花壇、飼魚場、畑、シャベル、砂場、植木鉢、物指等數生活、直觀生活、遊戲生活、製作生活を

自由に行ひ得るやうに作られねばならない。

然し乍ら屋外に於いては概して運動が盛んになる。 影ふみ、繩とび、石けり、鬼ごつこ、合戰、ぼうし取、大山登、人とり、角力、まりつき、羽ねつき、凧上げ、七つこ、水雷艦長、等は敎師の指導を要せずして仲間同志で不文律に從つて遊戲をするのである。 此の單純な組織の遊びを導いて次第に組織の高尙な遊戲に仕向け、團體的運動を圓滿に行ふやうになつたならば分科以前の運動生活の指導は最早十分に目的を達したのである。

そう自由運動をさせてゐては身體の均勢な發達が出來まいかと恐れる人があるかも知れないが、低學年に於いては自然の遊戲以上に兒童の程度に合致してしかも圓滿な發達を促がす運動法は他にあるまいと信ずるのである。

運動を敎へることも又大切なことで團體遊戲、律動遊戲、獨り遊の方法行進遊戲、並び方、步法等は分科以前と雖も敎へておいた方がよい。 かうして彼等の運動が次第に上達して課業としての體操にたへ得るやうになつた時愈〻體操敎授をはじめるのである。

六　初歩の體操教授

短距離競爭距離標準

性／年齢	男	女
6	50(20)米	50(20)米
7	50(30)米	50(30)米
8	60(40)米	60(40)米
9	80(50)米	80(50)米
10	100—(60)米	100(60)米
11	100—150米	100(60)米
12	100—150米	100(60)米
13	100—150米	100(60)米
14	100—150米	100(60)米
15	100—150米	100(60)米
16	100—200米	100 米
以下	同上	同上

（ ）は初心者の爲に作られた標準である。

兒童リレーレース距離標準

性／年齢	男	女
6	200(100)米	200(100)米
7	200(120)米	200(120)米
8	240(160)米	240(160)米
9	320(200)米	320(200)米
10	400(240)米	400(240)米
11	400—600米	400(240)米
12以下	同上	同上

（ ）は初心者の標準である。これは四人を一組としての標準距離である。

初歩の體操教授は體操的遊戯を中心として行はれる。元來體操は折目正しく、或は柔らかに手指の先から足先まで意の如く動かし得るやうにするのも一つの

目的であるから低學年では簡單な基本運動の要領について練習させる。しかしその爲に多くの時間をかけないがよい。體操の基礎として最も大切な步法練習さへも三年ではじめればよいのであるから。そして彼等の目的活動に應ずるやうに身體を動かせるのである。彼等の目的とは卽ち遊戲衝動であるから、體操的な遊戲によつて自然に身體を練習させ、規律共同の訓練もやつて行くのである。

體操的遊戲とは敎師の指揮する遊戲であつて、例へば、猫と鼠、足きり競爭、玉入れ競爭、カラカイ虫、ボール送り、帽子とり、兎と龜、ダルマ落し、徒競走の如きものである。此處に上げたのは低學年の體操的遊戲として可成面白い物であるが、此の遊戲には一つ一つい運動上の目的がある。其の目的を心得てゐてやらせなければ適當な指導が出來ない。

「いゝゝいゝボール送り」について言へば手、胸、脊、腹、脚の綜合運動を目的として先づ兒童を赤白各縱一列にならばせてボールを頭上から送らせる。次に股下から逆に送りかへさせる。又左脇から或は右脇から手送りさせて勝負をつける。其の時の兒童の姿勢に注意させねば其の目的とした筋肉練習が出來ないのである。之は要す

るに體操教材の遊戯化である。

今日の體操は生命のない筋肉を動かさせてゐる爲に身體的にも精神的にも効果が乏しいのであるが、之を氣合のこもつた體操にするに、一つには前記の通り兒童化することと即ち遊戯化し、二つには音樂と提携しなければならない。音樂と結ばれた體操教材には動作遊戯、律動遊戯があるが、少くとも體操の始めと後には勇壯活潑なる歌がなくてはならぬ。「歌が民族を作る」とは有名な言葉であるが、歌と體操の提携によつて學級精神は作興し、小國民の意氣は上るのである。

第九章　學級經營上の諸問題

一　如何にして學級活動を指導するか

學級活動とは學級兒童が全部參加して有機的團體的な活動を行ふことを言ふのであつて、學級學藝會、展覽會、發表會、討論會、遊戯作業、相談會等色々の活動がある。教科目にとらはれずにこの學級の目標につい各員個性を發揮して貢献し全體として有機的協同的な活動をすることは學級經營の目的を果す上に緊要なことで

ある。其の活動の組織、指導の手加減は學年に應じて著しい差異のあることはいふ迄もない。

(一) 學級總係

低學年の兒童は學級及教師に對して非常な好意を持つてゐて何かと世話をしたがるものである。それはあながち名譽と思ふばかりでもないやうである。故に教師は常に學級總係で自働する方法を考へねばならない。五十人の學級では仕事を五十作つて個性に適應した作業をさせるがよい。「清潔整頓」の場合にも命令一下全員直ちに各自の仕事をする樣に組織立てゝおくのである。或者は机列を正し、或者は机をふき、或者は黑板をはらひ、或者は白墨のこなを拭取るといふ工合に細かく仕事を定めておいて、毎日實習し、又時々その仕事を交替させるのである。中學年になると其の係は組織的になつて、計畫係(學級活動の計畫)學級係(學級相談會の開閉)、整頓係(毎日の掃除當番長)編輯係(學級雜誌編輯)圖畫係學級圖書の整理)運動具係、作業用具係、調査係(書取考査、計算考査等)手紙係見舞文、他學校との通信)温度表係、學校園係、動物飼育係等と多數の係を定めて學級總係りて活動する。教

師は激勵して「係の務はすみましたか」と一言毎朝繰りかへすだけで學級活動が進行し新しい學級活動が相談されては次々と圓滑に運ばれるのである。

中學年になれば計畫係の考と相談會の結果によつて新しい學級活動が營まれるが低學年では敎師が其の代りをしなければならない。

(二) 指導の實際

例へば「動物園」を學級活動の題目とする。此ういふ題目も低學年では多く敎師が定めるのであるが、先づ何か一種の動物を作ること、それについてお話を書くこと、相談をまとめて動物園を參觀する。それから二三人宛組んで作業することにすれば目標の同じいものが寄り集つて計畫を立て檻を造る者動物を作るもの話をかくものと兒童の間で手わけが出來て數十の動物の檻が机の上にならぶ。之を適當に配列し、豆電燈や飾等をつけてから、全員で動物園ごつこをはじめる。といふやりやうな方法もある。

展覽會は圖畫、鉛筆習字、ノート等の展覽會もよいが、商品レッテル、マッチ箱、等の蒐集物の展覽會も面白い。

要するに斯樣に學級全員の參加する活動を營せるのである。

二　如何にして個性適應の指導をするか

個性に適應する教育をするには個性考慮と、個性發揮の兩面を考へねばならない。

(一) 個性考慮

學級の兒童は男女により氣質により、又注意、學習、記憶、判斷身體活動、健康差により一人一人特異性がある。わかりの早い子供、判斷の緩い子供、記憶の達者な兒童、忘れ勝の兒童、怒りぽい者、平氣な者、百人百色の個性がある。明確な知識判斷、圓滿なる情性、强固な意志を養つて有爲な日本臣民を作るには之等一人一人の個性を考慮して其の十分な性能を發揮せしめねばならぬ。判斷の遲い者は之を救濟するやうな教育をしなければならない。又忘れ易い兒童には記憶の練習をさせねばならぬ。之が個性考慮の目的であつて學科中心に學級經營をする場合には特に優等兒を如何にして伸すか、劣等兒を如何にして救ふかといふことが問題にな

る。それには古來色々の工夫があつて、(一)優等生又は助教師を使ふ方法、(二)教材の分量と程度に加減する方法、(三)優等生は自學的に劣等生は助成的に指導する方法、(四)分團的取扱、(五)指導案手引等を作つてそれについて學習させ教師は主として個別指導をする方法、(六)實力進級法等がある。パタビヤ案、ビューブロー組織、ケンブリッヂ組織、レマールズ組織、マンハイム組織、シラー組織、ポートランド案、分團式自學案、ダルトン案、ウイネツカ案等は上記の要領を取り入れたのである。

本邦現今の教育制度から考へて、最もやり易いのは單元教案であらうと思ふ。それは單元の教材を基礎的事項、自學的事項、應用的事項と分別して劣等生には基礎的事項をたしかに習得させ、他は能力に應じて廣く深く習得させる方法である。そして單元の個別學習が終つてから全級活動によつて更に練り上げるのである。

(二)個性發揮

發揮すべき個性は自覺的に働く個性であつて目的を意識し、計畫活動をする個性である。教科を定め、教授内容を一定してそれを習得するだけでは個性の發揮は十分に出來ない。兒童獨自の目的活動が發展するとき個性が發揮されるので

ある。それには覺える時間ばかりでなく創り出す時間を設けねばならない。世界の教育の大勢は從來の學習學校から作業學校へ移らうとしてゐる。四十五分の教授時限を四十分に短縮して自習時間を特設してゐる所もあるが、此の施設は更に作業時間に變更して大いに個性發揮につとめねばならないのである

先づ兒童に計畫帖を持たせて教師の指導の下に作業時間の目的活動を計畫させる。「電鈴の分解組立」「童謠あつめ」「こけの研究」「學校の製作」「豐臣太閤」等それぞれ性能に應じた計畫の下に個人的或は共同的に作業を完成し、次に第二の目的活動に發展させる。出來上つた物は展覽會、發表會に於いて批評、鑑賞、反省が行はれるのである。

個性發揮は右のやうにしてはじめて目的を達することが出來る。

三　如何にして家庭と聯絡をとるか

家庭との連絡が圓滑に行かないで、父兄が學校や教師の批評を子供の前で平氣でしやべるのは父兄も心得違ひをしてゐるのであるが擔任教師にも責任がある。

春秋の二回父兄を學校へ出頭させただけで聯絡が出來るやうに考へるのは誤見であつて無論そうした催しも必要であるが、學級擔任としては次のやうな施設も必要である。

(一)成績品の廻覽

綴話、書方、圖畫、綴方、算術、讀方、等の成績を家庭へ廻覽する。

(二)家庭から學校へ

兒童の家庭に於ける生活狀態を父兄と協力して調査するのである。例へば「起床、朝食、歸宅、就寢の時刻」「近頃どんな遊びをしますか」「靴みがきと齒みがきを云ひつけてありますが、やつてをりますか」・「手傳の仕事はどんなことをしますか」「どんなおもちやをもつてをりますか」等の題について時々調査するのである。

(三)學校から家庭へ

學校の行事兒童の學校に於ける生活狀況を通知するのである。

(四)日曜日の指導

敎科書について宿題を出すのは多く見る例であるが、低學年の兒童には宿題は

あまり効果がない。熱心な家庭では指導することもあらうが一般的には望むことではない。宿題に出す位の事柄は學校で十分に習得させねば敎師としての義理も立たないわけである。日曜日には何か一つまとまつたことをやつて來るやうに仕向けるがよい。只慢然と遊ぶのでなく、花輪を作るとか、竹の鐵砲をこしらへるとか、繪を畫いて來るとかいふように一つづゝ目的活動をさせるのである。それには土曜日に各自の仕事の題目を黑板にかいてかへらせる習慣をつけるがよい。そして月曜日には發表會や、展覽會をして彼等の生活を充實させるのである。

四　低學年敎育の設備は如何にすべきか

環境による敎育の主張は現代敎育の大きな流れである。過古の敎育が敎師中心の系統的敎授組織を過信して物による敎育、自然環境の力による敎育を忘れ勝ちであつたので其の反動として起つたものとも思はれる。敎育者一人の力は兒童敎育上の重要な要素であるにはちがひないが、悲しい哉敎師其の人も心理的典

型があり、教授力に限度がある。殊に低學年の教育法は教師の直接注入よりも學校を生活の場所として其の中に於いて充實した生き方をさせようとするのであるから相當な設備を必要とする。しかし此處では物質的方面について述べるだけであるから、教育環境の經營には此の外に級風とか和合とかいふ精神的環境の一面のあることを忘れてはならない。

又教室の設備は固定的の物であるが、之を利用して兒童の遊戯、創作作業學習の必要に應じ、環境創造が刻々に工夫されなければならないのである。

(一) 教室の設備

教室は物を覺えるに都合よくするよりも、よい學校生活が出來るやうに設備しなければならない。即ち低學年の教室は協同して仕事をするのに都合よく設備するのである。計算を教へたり、文字を讀ませたりする學習も此の仕事に關係して行はれるのが低學年教育の特色であるから、高學年の學習教室とは趣が異るわけである。

口繪の寫眞は其の目的の下に出來た教室であつて、協同作業臺、郵便遊びのポス

ト、砂作業の大きな砂箱、積木、木工用具及材料、坐つて家庭的に遊ぶ莫蓙、自由讀書用の書棚、オーガン等は學習教室には見ることの出來ない設備である。

(二) 遊戯場

低學年の兒童が屋外で生活するには遊戯場が必要である。遊戯場は第八章に於いて述べたやうに體育ばかりを目的としたものではない。動植物の飼育栽培、屋外の大規模な製作作業、遊戯による數生活、共同遊戯、直觀研究等を行ふ設備がなくてはならぬ。此の遊戯場は彼等の生活場であり、自治訓練の行はれる場所であり、同時に生きた知識體驗の場所となるのである。

(三) 學級文庫

圖書選擇の標準

(1) 内容上
- (イ) 兒童が讀んで面白いもの
- (ロ) 兒童が讀んで爲になるもの
- (ハ) 元氣、愉快、上品な内容をもつもの

(2)形式上
- (イ)文字の大きいこと
- (ロ)挿繪の野卑でないこと
- (ハ)裝釘の堅固なこと
- (ニ)文章の長さの適當なもの

書籍の種類

冊數にあまり多いことを必要としないが、各種各樣のものがあるとよい。內容からいへば繪本類・童話・童謠・傳說・神話・偉人傳・史譚・理科地理の趣味的讀物、副讀本で程度からいへば尋常一二年相應のものを中心にして幼稚園級から尋常三四年級迄のものを集めるがよい。

讀書指導

色々の方法を私どもはやつて來たが、最も實施し易くて効果があるのは讀書帳を持たせることゝ、日をきめて讀んだ本の內容を簡單に發表し其れを紹介することゝ別な方法を立てゝ膝下で讀書指導をすることの三法である。讀書帳には書名又は題目と何月何日に何頁から何頁迄讀んだかを明記させ時には內容

を略記せしめるのである。讀書は家庭でも學校でも時間をきめて行はせるがよいが電車の中や道をあるきながらは讀ませない樣に注意するがよい。其の外書籍の取扱方、讀書の姿勢等注意しなければならぬことが多い。

尋常一二年の讀物

書名	著者	發行者	定價	備考
(一)日本一の繪噺	巖谷小波	丸善	各〇、二五	……三十六册ある。日本在來の傳說童話を主として、繪中心にかゝれたもので、文字は大きく形は小さく、手頃で一二年の最初の中は非常によろこぶ。假名敎授には一年にも二年にも適する。殊に劣等兒によい。
(二)オトギウタエ	同	同	各〇、八〇	……七册揃である。文字は大きく、內容は童話で面白い。
(三)ハナシ	鹿島佐太郎	丸善	各一、〇〇	……本の形はオトギウタエと同樣で大きく、文字も大きい。
(四)畫とお話の本	楠山正雄	冨山房	各二、〇〇	……猿とかに、イソップものがたり、大男と一寸法師、おやゆびひめ、源氏と平氏、青い鳥等あつて、一二三年用である。內容もしつかりしてゐる。
(五)宏文堂童話集	岡部白夜	宏文堂	各一、五〇	……文字も大きく、挿繪も上品で言葉がやさしい。三册まで出てゐる。
(六)カナオトギ叢書	巖谷小波監修	第一出版協會	各〇、九五	……十册揃で一二年の讀物として特に作られたものである。
(七)世界童話集	鈴木三重吉	春陽堂	各〇、八五	……二十册あまり揃つて裝釘も閑く、二三年級の兒童の好むものである。

(八)日本童話　森林太郎
(九)日本傳説　鈴木三重吉　杉村武雄
(一〇)日本神話　馬淵冷佑
培風館　各一、八〇……各々上下二册宛て、兒童讀物中に於ける最もすぐれたものである。他の讀物もこれ位に文章を吟味してもらひたいものである。

(一一)幼きものに　島崎藤村　實業の日本社　八〇
(一二)ふるさと　同　同　一、〇〇
(一三)幼なものがたり　同　研究社　一、五〇
……敎科書の文とはまるきりかはつた土の匂のするかと思はれるやうな文で、少年讀物として尊いものである、二三年以上の程度である。

(一四)ピノチヨ　西村アヤ　文化生活研究會　一、二〇……著者は年僅かに十一才で其の繪と文からなつてゐる。子供の作つた本として推奨する。

(一五)低學年圖書館叢書　岸ひでを 外數氏　イデヤ書院　一、四〇内外……學年文庫を目標として特に作られたものである。

(一六)一房の葡萄　有島武郎　叢文閣　一、二〇……尋常三年の後期から中學校の生徒に適する。一讀して心琴の高るをおぼえないものはあるまい。

(一七)お噺の卵　武井武雄　目黑書房　二、〇〇……活字も大きく、幼兒の心持にうまくあつた童話である。

(一八)鳩のお家　大井冷光　富山房　三、〇〇……五十餘の童話が收められある。

(一九)アメチヨコ天使　小川未明　敎文館　二、〇〇
(二〇)あかいさかな　同　同　一、五〇
……二三年程度の讀物として趣味が多い。

(二一)ひろすけ童話讀本　濱田廣介　文敎書院　一、八〇……三卷まで出てゐる二年程度の讀物で童話の眞實の世界を描いたもので文學的で上品な有益な讀物である。

(二二)藤村讀本　島崎藤村　研究社　一、五〇……第一卷から六卷まである、一二卷は尋常二三年用である。

(二三)世界童話讀本　高山池月　鳥鮮堂　〇、六〇……學年別になつてゐる。趣味をもつて讀むやうである。

(二四)小學童話讀本　菊池寛編　興文社　〇、八〇内外…裝釘がしつかりして内容も可成り精選されてゐる。學年別である。

(二五)赤彦童話論集　島木赤彦　古今書院　一、八〇内外…三册ある。氏の童謠の特色は申すまでもない。

(二六)白うさぎと木馬　葛原しげる　文敎書院　一、五〇……ニコニコピンピン主義の童謠作家葛原氏の著である。

(二七)かれがなる　同　培風館　二、二〇……同

(二八)星の子ども　小林圀子　日岐久次郎　一、八〇……小林圀子、千賀子、章子の三少女の作である。敎師も一讀するを要す。

(二九)マザーグース　北原白秋譯　アルス　二、八〇……英國童謠の本源「母鵞鳥（マザーグース）」の譯で非常によく出來てゐる。

(三〇)トンボの目玉　同　同　一、九〇

(三一)二重虹　同　同　一、八〇

(三二)花咲ぢいさん　同　同　一、九〇

(三三)兎の電報　同　同　一、五〇

(三四)靑い目の人形　野口雨情　金の星社　一、八〇

(三五)十五夜のお月さん　同

(三六)おうむと時計　四作入十

(以下略)

(四)學級園

六人に一坪位の廣さがほしいものである。

○栽培植物

(1)記念樹…入學の年に記念樹を各自三本位の割に小松、梅、櫻等何の樹でもよいから植えておいて、之を卒業の年まで育てゝ卒業記念樹にするのである。私は今度で三回目の試で松を植えてゐるが、樂しみなものである。

(2)普通作物、麥(大麥、小麥、裸麥、大豆、小豆、蕎麥、黍、へちま、人參、綿、大根等地方によつて斟酌する。都會の兒童には稻や、えんどう、枝豆等も栽培して味はゝせたいものである。(前編直觀指導原理參照)

(3)、鑑賞用及直觀用植物……各種

○動物飼育　屋外の動物飼育は學校の施設と連絡して之を利用するがよい。

○鑛物蒐集　兒童は小石、岩石、土塊については大人の想像し得ない興味をもつものである。學級園の一隅をしきつて兒童と共に採集して來た鑛物を整理して說明をかきそへておくがよい。

(五)教室備品及兒童用具

○植木鉢……各自一鉢位用意する。冬期舍外におくと全部破壞されてしまふ。

○水性植物栽培用鉢……學級園におけばよい。稻、くわい、水蓮、蒋等を栽培する。

○動物飼育箱……捕虫網、撈網昆蟲飼育箱、魚族飼育器、標本蒐集設備、保管用具等。

あをむし…………蝶まで　種々のさなぎ…麥蛾まで

おたまじやくし……蛙まで　蠶、天蠶…………結繭

ばつた…………………脱皮　かたつむり、とんぼ幼蟲、鮒、金魚、鯉、こほろぎ。

○シヤベル……各自一挺(價十錢位)

○積木……大形のもの、

○米尺……十米卷尺、一米尺、各自には三十糎竹尺

○計算器……數圖カルタ

○木工用具……二揃位

○砂箱……六尺に四尺位のもの、

○顯微鏡、虫めがね

○時計、鏡、寒暖計、オーガン、花瓶

○運動用具……フットボール、輪廻、綱、縄、羽子板、球等

○郵便箱……玩具錢、等教師の手製のもの

○五十音圖……平假名片假名併用漢字表……既習文字を記入する表

○掛圖其他……童話、歷史、假話掛圖、兒童劇の用具

五　如何にして兒童を調査するか

教育の最初に於いて又は途中に於いて兒童調査の必要なことは說明する迄もない。兒童調査の要目は次の樣である。

1、知能檢査……知能檢査は最近著しく進步して方法について說明を要すまい。

2、身體檢査……一般に文部省の指定する方法で實施されてゐるが其の上に健康法と身體的活動の特色、速さ、正確さを最近の調査法に則つて調べねばならない。

3、家庭調査……兒童教育に關係ある部面について調査する。

4、成績調査……學業成績の進程を調査するのである。低學年に於いては修身、國語算術等と學科別に調査するのでなく、學校生活の狀況を第一として調査するのがよい。次頁に我々の學校に於いて使用してゐる樣式を採錄しやう。

5、個性調査……部分的に個人の特異性を調査するのみでなく、全體としてどういふ

特異性を有つてゐるかを研究する事は學級經營上極めて大切なことである。

種別		要項		第一學年 第一學期	第二學期	第三學期	學年
學校生活	直觀	注意		優可・不良可			
		考察		優可・不良可			
		内容		優可・不良可			
		興味		優可・不良可			
	作業	計畫		優可・不良可			
		技術		優可・不良可			
		遂行		優可・不良可			
		速度		優可・不良可			
		協同		優可・不良可			
	發表	明瞭		優可・不良可			
		興味		優可・不良可			
		技巧		優可・不良可			
		創始		優可・不良可			
		形式		優可・不良可			
	遊戲	元氣		優可・不良可			
		勤作		優可・不良可			
		協同		優可・不良可			
		興味		優可・不良可			
學業成績	知識	事物		確・不確			
		お話		多・少			
		言語		確・不確			
		文字		多・少			
	技能	作ること		正・不正			
		描くこと		巧・拙			
		唱ふこと		巧・拙			
		話すこと		明・不明			
		讀みとること		明・不明			
		綴ること		明・不明			
		數へること		確・不確			

第一學期	第二學期	第三學期	學年
第二學年			

敎師は兒童の發達に應じて施さうとする陶冶の全體的目標をかゝげて、一人一人の兒童がどういふ位置にあるかを見なければならないのである。左に揭げたのは團體精神、統率才幹、精力努力、創始活動、作業活動、習得應用、發表能力、淸潔整頓、性情擧動及び特殊興味能力の諸方面から見ることにして之を五段階にしたのである。 先づ左の表を兒童數だけ作つておいて、其の兒童のあてはまる欄に○をつけ、その○を續けあはせて個性を形に表して見るのである。

○

個性調査用紙

年度

歳（姓）

姓　　名

○

(1) 團體精神	協同能力あり、常に團體のリーダーとなる。	協同能力あり、進んで自分の責任を果す。	協同能力あるも團體活動に加はる程度	協同的精神に乏しく、時として團體のじやまになる。	常に利己的にして共同活動を阻害する
(2) 統率才幹	優秀なる統率力を有し常に先んじて團體活動の指揮者となる	統率力あり有力なる助言を與へ、團體活動の發展に參與し時々其指導者となる	特殊の方面及び特殊の事情に於ける統率力を有し其の指導者となる。	統率力乏しく唯單に團體活動に對して好意を有す。	統率力なく常に他人に盲從す。
(3) 精力努力	精力あり、努力もあり、絶えず活動す。	精力あり、活動するも特に努力するとは思れず。	精力あるも活動せしむるには鼓舞激勵を要する。	稍々努力するも精力乏し。	精力乏しく努力乏し
(4) 創始活動	各方面に優秀なる創始能力を發揮しよく活動する。	創始力あり、常に或方面に特色を發揮す。	稍創始力あれども著しき特色を發揮せず。	創始性に乏しく常に補助的注意を要す。	常に創始活動を見ず常に他人の創始に從ふ。
(5) 作業活動	進んで仕事を求め、完成まで熱心に作業す。	他の刺戟により仕事を定め完成まで熱心に作業す。	よく働くも目的及作業の完成には教師の注意を要す。	教師の指導によつて仕事をはじめ、教師の指導によつて完成する。	仕事に目的なく、怠りがちにして完成することなし。
(6) 習得應用	各方面の事項を正確に速に習得理解し應用に長ず。	理解は速ならざるも正確にしてよく應用する。	よく理解するも、應用すること少し。	習得割合早きも不正確なること多く、應用すること少し。	理解おそく、不正確にして、應用すること殆んどなし。
(7) 發表能力	各方面の發表優秀にして進んで發表す。	特殊の方面には優秀なる表現に長ず。	各方面に發表能力あるも特に長ずるものなし。	各方面の發表を見るも優れたるものなく某方面には拙劣なり。	各方面の發表に補助を要し、興味なく拙劣なり。

	(8) 清潔整頓	(9) 性情擧動	(10) 特殊の興味能力
(上)	自己の身なり、所持品の清潔に注意する外學級學校の清潔整頓にも注意す。	性情圓滿怒はず又は癇氣でも不平少し。擧動端正、穩か、おちつきあり。	(上)
(中ノ上)	自己の身體服裝所持品等には注意するも學級學校の事には及ばず。	情意強く穩かならぬことあるも輕擧なく擧動割合正し。おちつきあり。	(中ノ上)
(中)	注意すれば自分及共同の清潔整頓をなす。	性情平凡、擧動普通、輕擧雷同少し。	(中)
(中ノ下)	清潔整頓については無關心にして注意すれば整頓する。	情にはやり易く又輕擧するも、注意されればよく反省する。	(中ノ下)
(下)	不潔不整頓にして常に他人に迷惑を及ぼす。	著しき感情偏向あり、又は激し易く、輕率、無頓着、盲動多く反省しようともせず。	(下)

（上中下は學級での位置を示す）

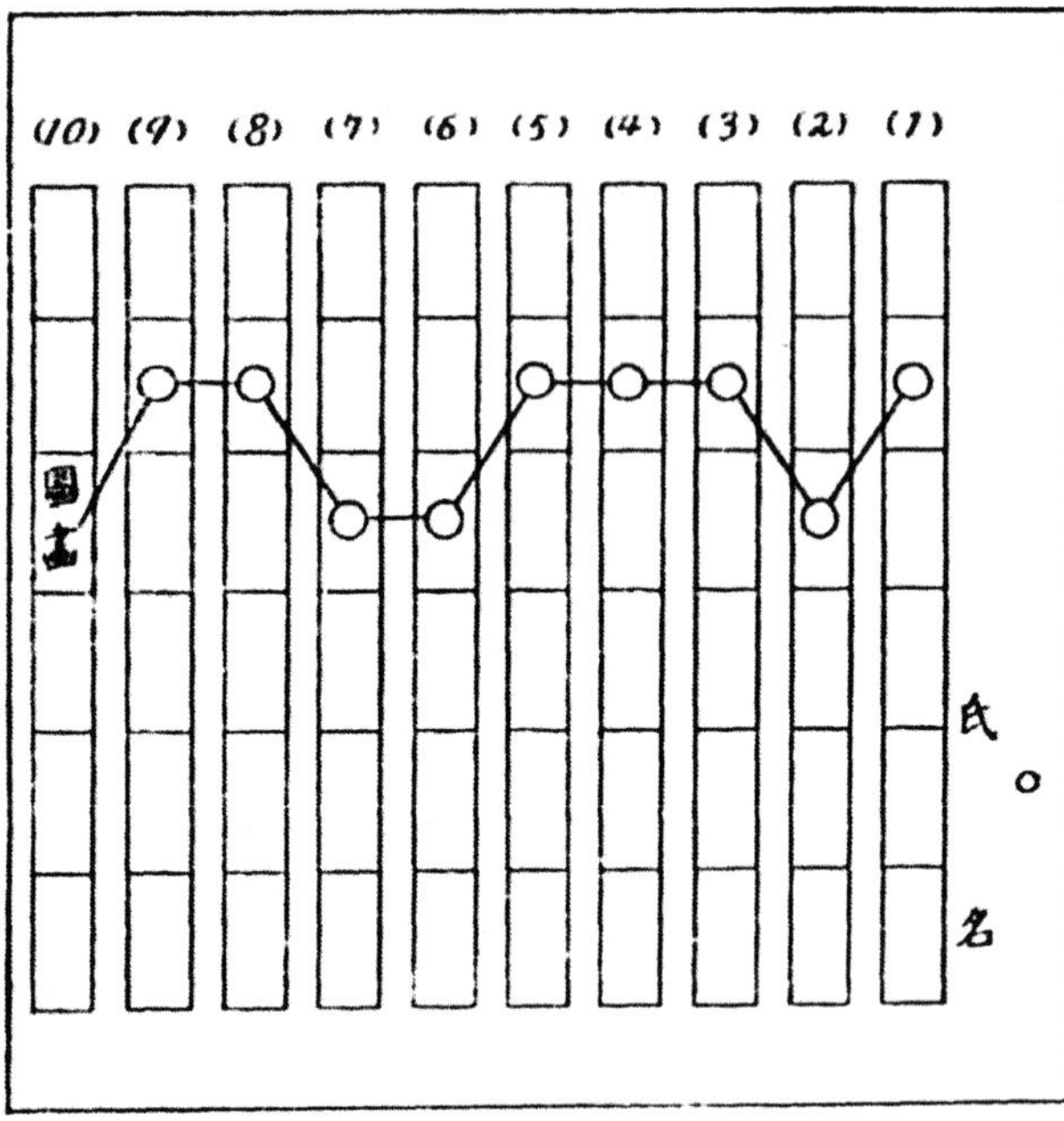

からして出來上つた表は只一人についての判斷するばかりでなく、類似の型を集め分類すれば非常に面白いもので、毎年調査して個人の變化を見ることも大切である。　又身體檢查、知能檢查、氣質及個性的活動を組みあはせて一つの圖形を描き個性を圖示することも出來る。

6、**性癖調査**……個性の指導には具體的なる個人記錄を必要とする、兒童の日常

の行爲、創作、性癖等見付け次第に記錄しておいて適當な指導をしなければならない。殊に低學年は習慣養成の時代であるから、惡習慣惡癖のある兒童は其の事實を書いておいて家庭と協力して矯正しなければならない。低學年の兒童にもいろ〳〵な癖がある。鼻汁をすする、指をくわへる、爪をかむ、着物で手をふく、つばはき、口をあいてゐる。泣きおどし、我まゝ、無返事、忘れもの、輕躁、調子にのる、早口、殘忍、盗癖、亂暴、食ひしんぼ、喧嘩ずき、下品好き、深癖、不平顏等一々枚擧に遑もない位である。

昭和三年三月二十二日印刷
昭和三年三月二十五日發行

定價金貳圓貳拾錢

著作權所有

低學年教育原理と
尋一・二の學級經營

著作者　坂本豐
東京市京橋區南傳馬町二丁目五番地

發行者　目黑甚七
東京市京橋區弓町二十五番地

印刷者　高橋都
東京市京橋區弓町二十五番地

印刷所　三協印刷株式會社

發行所　目黑書店
東京市京橋區南傳馬町二丁目
新潟縣長岡市表町四丁目（本店）
新潟市古町通七番町（支店）

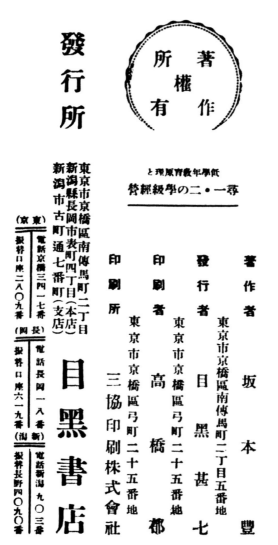

（東京）電話京橋三四一七番　振替口座二八〇九番
（長岡）電話長岡一八番　振替口座六一九番
（新潟）電話新潟九〇三番　振替長野四〇九〇番

編集・解説

橋本美保（はしもと・みほ）

一九六三年生まれ。東京学芸大学教育学部教授、博士（教育学）

主な編著書等　『明治初期におけるアメリカ教育情報受容の研究』（風間書房、一九九八年）、『大正新教育の思想 生命の躍動』（共編著、東信堂、二〇一五年）、『文献資料集成 大正新教育』全Ⅲ期・全二〇巻（監修・解説、日本図書センター、二〇一六・一七年）、『大正新教育の受容史』（共編著、東信堂、二〇一八年）ほか

遠座知恵（えんざ・ちえ）

一九七六年生まれ。東京学芸大学教育学部准教授、博士（教育学）

主な編著書等　『近代日本におけるプロジェクト・メソッドの受容』（風間書房、二〇一三年）、『大正新教育の思想 生命の躍動』（分担執筆、東信堂、二〇一五年）、『大正新教育の受容史』（分担執筆、東信堂、二〇一八年）ほか

大正新教育
学級・学校経営 重要文献選
第Ⅰ期 高等師範学校附属小学校における学級・学校経営
第1回配本 第2巻
東京女子高等師範学校附属小学校2

編集・解説 橋本美保・遠座知恵

2019年6月25日 初版第一刷発行

発行者 小林淳子
発行所 不二出版 株式会社
〒112-0005
東京都文京区水道2-10-10
電話 03(5981)6704
http://www.fujishuppan.co.jp
組版/昴印刷 印刷/富士リプロ 製本/青木製本
乱丁・落丁はお取り替えいたします。

第Ⅰ期・第1回配本・全3巻セット 揃定価(揃本体54,000円+税)
ISBN978-4-8350-8283-7
第2巻 ISBN978-4-8350-8285-1

2019 Printed in Japan